DETRÁS DE
LA MÁSCARA

JORGE RAMOS

DETRÁS DE LA MÁSCARA

Grijalbo

Detrás de la máscara

Primera edición para Estados Unidos, 2006

D. R. © 1998, Jorge Ramos Ávalos

D. R. 2006, Random House Mondadori, S. A. de C. V.
 Av. Homero No. 544, Col. Chapultepec Morales,
 Del. Miguel Hidalgo, C. P. 11570, México, D. F.

www.randomhousemondadori.com.mx

Comentarios sobre la edición y contenido de este libro a:
literaria@randomhousemondadori.com.mx

Son propiedad del editor la presentación y disposición en
conjunto de la obra. Queda estrictamente prohibida, su re-
producción total o parcial, por cualquier sistema o método,
que permita la recuperación de la información, sin la au-
torización escrita de los titulares del *copyright*, así como la
distribución de ejemplares de la misma mediante alquiler
o préstamo público.

Random House Mondadori México
 ISBN-13: 978-970-780-257-5
 ISBN-10: 970-780-257-X
Random House Inc.
 ISBN-13: 978-0-307-37676-3
 ISBN-10: 0-307-37676-1

Impreso en México / *Printed in Mexico*

Distributed by Random House, Inc.

Para Paola, Nicolás David y Lisa

ÍNDICE

ÍNDICE

AGRADECIMIENTOS

Este libro es de muchos. No sólo mío.

Y por eso le tengo que agradecer a Rosaura Rodríguez por empujar desde el principio por este libro, como si fuera suyo; y a Patsy Loris por ayudarme a preparar la mayoría de mis entrevistas, por compartir sin distinciones amenazas de muerte y celebraciones y por nunca fallarme, ni como periodista ni como amiga.

A Jechu por ser la Jechu y por escucharme cuando nadie más quiere escuchar; a Lourdes por la carta que le escribimos a papá y por mantenerme abiertos su corazón y su cabeza.

A Pete Moraga porque nunca me cansaré de darle las gracias por esa primera oportunidad en la televisión norteamericana.

Gracias a Marilyn Strauss por haberme tomado la que iba a ser mi «última» foto (a bordo de un avión que caía en Arabia Saudita) y por su espíritu incansable y siempre optimista —¡nos salvamos!—; a Rafael Tejero por esos gratos momentos en que nos ponemos a escribir juntos; a Ángel Matos por sus imágenes, por su valor, por decir «sí» siempre y por editar como mago; a

11

Iván Manzano y a Gilberto Hume por jugársela conmigo en dos guerras.

Le tengo que agradecer a mi compañera de más de una década en la televisión, María Elena Salinas, por aguantarme todos los días (pero más que nada por aguantarme los días malos); a Alina Falcón y a Guillermo Martínez, que entendieron desde el principio que lo mío es la calle (y que me gusta más que la sala de redacción), que me pusieron a viajar por todo el mundo y me motivaron a chupar hasta el último huesito cada entrevista; a Ray Rodríguez por todo su apoyo y extraordinaria disposición a lo largo de este proyecto.

Y a todos mis compañeros de Univisión, que saben que la televisión es trabajo de equipo y que una buena parte de mi carrera se la debo a ellos.

PRÓLOGO A LA NUEVA EDICIÓN

...máscara el rostro y máscara la sonrisa.
OCTAVIO PAZ, *El laberinto de la soledad*

Toda buena entrevista genera conflicto. Enfrenta, inevitablemente, al entrevistador —que busca y rebusca nueva información— y al entrevistado —que se resiste a dar a conocer lo que no le conviene—. Si no hay conflicto, la entrevista se transforma en otra cosa; quizá en charla o conversación. La entrevista desnuda, expone. Lo otro protege, cubre y, a veces, miente.

La entrevista, en el fondo, es un intento de control, de dominio. Si el entrevistador domina, conoceremos algo nuevo del entrevistado y su contexto. Si el entrevistado domina, nos dirá cómo ve el mundo, pero sin llegar a lugares límite; sin obligarse a buscar dentro de sí mismo.

Sin duda, la entrevista es el arma más poderosa que tenemos los periodistas para realizar nuestra labor. No hay nada más rebelde que una pregunta certera que incomode, que haga tamba-

13

lear a los poderosos. La materia prima con la que se hace el periodismo de verdad es la pregunta. Y para preguntar hay que ver, escuchar y oler la noticia. Quien sólo escucha el rumor divertido no puede preguntar dónde duele, dónde asusta.

Estoy convencido de que cualquier entrevistado tiene su punto vulnerable. Y un entrevistador que se precie de serlo debe tratar de encontrar ese punto donde el entrevistado se quiebra o se contradice, particularmente en las entrevistas políticas.

Si bien es cierto que el entrevistado no debe ser el enemigo —ya que eso supondría un prejuicio del entrevistador—, también es importante que no sea el amigo. Pero si hay que escoger entre ser el enemigo o el amigo, es preferible jugar al enemigo; convertirse en abogado del diablo nos mantiene alertas y fortalece la ética del reportero. Al amigo que te invita a cenar, al conocido que te regala sonrisas y favores, es muy difícil hacerle una entrevista dura, justa, que pele los huesos. Las preguntas amables caben en la intimidad, no en las entrevistas periodísticas de fondo.

Igual en las sociedades democráticas que en las totalitarias, la tarea fundamental del periodista es monitorear y fiscalizar a quienes tienen el poder. En una democracia eso permite un balance de poderes; en una dictadura eso obliga al cambio (aun a riesgo de la propia vida). La actitud del entrevistador debe ser: «Si yo no hago esta pregunta, nadie más la va a hacer. Y si yo no la hago, X se va a salir con la suya».

El trabajo del periodista es desenmascarar, cuestionar, dudar de todo, corroborar. Y, sí, ser justo. A veces, la única forma de ser justo es preguntando por quien está ausente, por el agraviado, por el torturado, por el que es víctima de abusos, por el desaparecido.

Si un periodista no hace preguntas incómodas, difíciles, no está haciendo bien su trabajo. Y para hacer la pregunta que resalta una contradicción, que saca ampollas, hay que tratar de saber más sobre el tema por discutir que el mismo entrevistado.

Los estadounidenses Woodward y Bernstein descubrieron el escándalo Watergate —y tumbaron a Nixon del poder— porque supieron qué preguntar. «¿Quién ordenó esto?», se preguntaron. Todas las respuestas apuntaron hacia Nixon, y los periodistas del *Washington Post* nunca se dejaron engañar con las bombas de humo. Antes que ellos, la italiana Oriana Fallaci taladró a fondo a sus entrevistados hasta encontrar el alma, la coraza metálica que la cubre. Ella inventó, o al menos perfeccionó, la entrevista/guerra. Sus preguntas y descripciones en su *Entrevista con la historia* hicieron y deshicieron carreras. Casi nunca pudo entrevistar dos veces al mismo personaje. Ni modo.

Con las preguntas de la Fallaci incrustadas en la cabeza, me hice periodista. La idea de rascar en el corazón de esos pocos que dominaban el planeta era extraordinariamente seductora. Quería conocer a los que cambiaban el mundo y estar donde cambiaba. Y el periodismo fue mi pasaporte al universo de lo cambiante. Mientras acumulaba miles de kilómetros de viaje, poco a poco fui encontrando mi propia voz, mis preguntas, mi entorno. América fue mi terreno, la televisión el medio, y el fin del segundo milenio y el principio del tercero, la época que me tocó sudar.

La mayoría de las entrevistas que aparecen aquí publicadas fueron hechas originalmente para televisión. Así, ganamos en brevedad y fuerza, aunque perdemos en profundidad y contexto. Por eso, en esta segunda oportunidad de acercarme a las entrevistas, he añadido lo que la televisión sacrificó. Cuento mis impresiones, lo que ocurrió detrás de cámaras, antes y después del encuentro, el momento histórico.

Este libro intenta escarbar dos veces; una detrás de la máscara de los entrevistados y la otra detrás de la filmación de las entrevistas. Si la televisión es aire, estas entrevistas son como pájaros atrapados a medio vuelo. Algunas todavía suenan a hoy, otras huelen a viejo; todas están ancladas a un reloj y al zapato enlodado de la historia.

Éstos son días inquietos. Y aunque casi toda América —la latina y la anglosajona— es democrática y está subida en el tranvía de la globalización, todavía hay mucho por preguntar. Los hoyos negros de la democracia, las fracturas del estado —corrupción, narcotráfico, violación a los derechos humanos, abuso del poder…— están ahí, a nuestra vista. América tiene mucha cola que le pisen. Y a nosotros los periodistas nos corresponde pisarla.

La forma de hacerlo es preguntando.

Por eso había que preguntarle a Andrés Manuel López Obrador por qué se sentía presidente de México aunque los resultados oficiales de las elecciones de 2006 no le favorecían; y al conservador y antiabortista Felipe Calderón sobre por qué se consideraba un «pecador estándar»; a Evo Morales, el nuevo presidente de Bolivia, sobre su negativa a destruir las plantaciones de la hoja de coca; a Ollanta Humala, el candidato presidencial peruano, respecto al apoyo que recibió del presidente de Venezuela, Hugo Chávez, y que eventualmente le costó la elección; al ex presidente sandinista Daniel Ortega había que cuestionarlo sobre sus frecuentes intentos de llegar a la presidencia y de la casa en la que vive y que, aparentemente, nunca pagó por completo; había que preguntarle a Fidel Castro sobre la necesidad de un plebiscito en Cuba; y a Ernesto Samper por los mi-

16

llones del narcotráfico que financiaron su campaña presidencial; y a Ernesto Zedillo respecto al hombre —Carlos Salinas de Gortari— que con un dedazo lo convirtió en candidato a la presidencia; y al mismo Salinas sobre el fraude que lo puso en la residencia oficial de Los Pinos; y a Bill Clinton de las contradicciones en su política exterior; y a Isabel Allende sobre la manera que sobrevivió la muerte de su hija Paula; y a seis ganadores del premio Nobel respecto de lo que los diferencia de nosotros, los comunes y corrientes; al subcomandante Marcos sobre por qué no se quita el pasamontañas...

No hay entrevistado sin máscara. Y el objetivo del entrevistador debe ser arrancarla. Aunque sea por un instante; aunque nunca podamos ver la cara completa.

Esta nueva edición de mi primer libro, *Detrás de la máscara,* incluye varias entrevistas con personajes que siguen siendo noticia y que cambian nuestro mundo. He añadido, particularmente, las conversaciones con los dos protagonistas de las elecciones más competidas (y controvertidas) en la historia moderna de México. Asimismo, están aquí los nuevos líderes de una izquierda latinoamericana que, aprovechando los fracasos del neoliberalismo por terminar con la pobreza en nuestro continente, han logrado un lugar prominente en la política de la región.

Notarán, también, que he dejado intacta la mayoría de las entrevistas que tuvieron su relevancia hace muchos años. Me parece que, por rigor histórico y periodístico, las declaraciones de estas personas no deben ser tocadas. En su momento fueron noticia y hay que tratar de entenderlas en su contexto, no con la ventaja del paso del tiempo.

Por último, hoy más que nunca, hay que seguir preguntando. Mucho. Todo el tiempo y a quien se deje. La más importante labor social del periodista es ser un balance de los que tienen el poder y sólo preguntando —ahí, donde duele, donde sirve, donde nadie ha llegado— es como cumplimos con nuestra tarea.

No hay pregunta tonta. Y lo más triste para un periodista son las preguntas que no se hacen.

Evo Morales

«La coca es sagrada»

La Paz, Bolivia. A Evo Morales, el nuevo presidente de Bolivia, no le gusta que le pregunten sobre el narcotráfico. Tampoco le gusta que lo cuestionen sobre la admiración que dice tener por el dictador cubano Fidel Castro ni sobre su amistad con el polémico presidente de Venezuela, Hugo Chávez. Pero, después de todo, a eso precisamente había ido yo a Bolivia: a tratar de conocer al verdadero Evo Morales.

La cita con este líder cocalero se cambió varias veces —«Es que Evo sigue en Cochabamba», «Es que tiene una cita en el hotel Radisson», «Es por razones de seguridad»—, hasta que por fin dimos con él al mediodía en la casa donde solía dormir, antes de ser presidente, en esta capital boliviana.

En ese enero del 2006 llovía copiosamente, pero se sentía mucha ansiedad por el cambio político que vivía el país.

Iba vestido con la misma chompa o suéter rojo de rayas blancas y azules con el que apareció hasta el cansancio en una gira por Europa, Asia y Sudáfrica. No usaba corbata porque, según sus palabras, «las mayorías nunca usan corbata».

19

Desde sus primeras palabras quedó claro que se sentía más a gusto comunicándose en su nativa lengua aymara que en español. Pero eso no le impidió decir, categóricamente, que «admira y respeta» a Fidel Castro (quien gobierna Cuba desde el mismo año en que nació Evo, 1959).

«Allá hay democracia», me dijo Evo respecto del régimen castrista. «Para mí (Fidel Castro) es un hombre democrático que defiende la vida, que piensa en el ser humano; si para usted es un dictador, ése es su problema, no el mío.» Pero cuando le pregunté si no era una hipocresía querer la democracia para los bolivianos —que tanto trabajo les ha costado desde 1982— y no para los cubanos, la conversación se tornó peligrosamente personal.

—Yo le pido mucho respeto, no me diga hipócrita —me increpó—. La hipocresía viene solamente de sus preguntas.

Intenté, sin mucho éxito, explicarle lo que hacía:

—Mi trabajo como periodista, con todo respeto, señor Evo Morales, es hacer preguntas.

El ambiente, de pronto, se había enrarecido. Él estaba molesto y se notaba; se retorció en su silla. Oí en el fondo las quejas de su asesora de prensa, pero seguí.

Cuando le dije que el exilio cubano podría demostrar la muerte de miles de personas a manos de Fidel Castro, Evo se lanzó contra el presidente de Estados Unidos, George W. Bush:

—Yo no veo mucha muerte en Cuba como la que está haciendo Estados Unidos y Bush en Irak. Fidel, ¿cuántas bases militares tiene en Latinoamérica o en el mundo? —se preguntó a sí mismo Evo y luego continuó—: Y Bush, dígame usted, ¿cuántas bases militares tiene en el mundo y dónde está masacrando cada día?

—¿Bush para usted es un asesino? —le pregunté.

—Eso lo dirá el pueblo —contestó, evitando hablar en primera persona—. Es una intervención militar salvaje; el pueblo dirá qué es eso —Sin embargo, cuando traté otra vez de obtener su opinión personal, me respondió molesto—: No insista en eso —y poco después añadió—: Lo que usted está llevando es a una confrontación internacional y no voy a permitir eso.

Intenté preguntarle sobre su alianza con Hugo Chávez —llama «el eje del bien» a Cuba, Venezuela y Bolivia—, pero se rehusó a contestar diciéndome que a partir de ese momento sólo respondería a temas vinculados con Bolivia.

La conversación no iba bien, así que salté al tema del narcotráfico.

En Bolivia hay alrededor de 30 000 hectáreas dedicadas al cultivo de la hoja de coca. Una parte, es cierto, es para el consumo tradicional de los bolivianos, que usan la hoja tanto para hacer té como medicinas. Pero otra parte importante es destinada para los narcotraficantes, que convierten la hoja en la pasta con que se produce la cocaína.

—¿Usted piensa erradicar cultivos de hoja de coca en Bolivia? —le pregunté.

—No —contestó sin dudarlo—. La coca es sagrada. La coca no se erradica. Sí, hay que erradicar el narcotráfico, hay que erradicar la demanda y hay que erradicar la cocaína.

Pero cuando le pedí detalles sobre sus planes para evitar que el exceso de hoja de coca fuera utilizado por el narco, Evo dio por terminada la entrevista.

—Muchas gracias, se acabó el tiempo —me dijo, levantándose de su asiento y arrancándose el micrófono. Vi mi reloj: apenas habíamos conversado 6 minutos con 40 segundos, mucho menos de los 15 minutos que nos habían prometido.

—¿No le gustaron las preguntas? —alcancé a sugerir.

—No, no es eso —balbuceó Evo.

Mientras, su asistente de prensa me pedía que me callara y me fuera de ahí:

—Compañero, por favor, compañero.

Evo Morales estaba mirando a otro lado cuando salí del cuarto.

Reconozco que ésta no es la mejor manera de conocer a un nuevo presidente. Quizá mi visión de Evo desde el exterior, mucho más estereotipada, no coincidía con la percepción interna de que, por fin, la gran mayoría de los bolivianos tenía a un mandatario indígena que se parecía a ellos y que prometía defenderlos.

Me aseguraron que era preciso esperar a lo que hiciera Evo y no poner tanta atención en lo que dice. De entrada se redujo el salario presidencial a la mitad: gana el equivalente a 1 875 dólares al mes, convirtiéndose así en uno de los presidentes peor pagados del mundo.

A pesar de esto, Evo tendría que hacer mucho más que cortarse el sueldo para sacar adelante a los casi nueve millones de habitantes de la nación más pobre de Sudamérica. Los bolivianos esperaban resultados —y buenos empleos— pronto. Bolivia es famosa por su impaciencia política; había tenido cinco presidentes de 2003 a 2006.

Más que de la esperanza por un futuro mejor, Evo era producto de la desesperación por un pasado de corrupción, discriminación racial, de abusos… y de los errores de la política estadounidense en la región.

Tres años después de que el embajador de Estados Unidos, Manuel Rocha, les pidiera a los bolivianos que no votaran por

Evo, el 54 por ciento de los electores hicieron exactamente eso en diciembre del 2005. Evo dijo que sería una «pesadilla» para Estados Unidos y lo fue. Lo que no logró el Che Guevara tras su llegada a Bolivia en 1966 lo obtuvo Evo, con votos y sin balas, cuatro décadas después.

Evo tenía algo de la intransigencia de la vieja izquierda latinoamericana —y ahí está como ejemplo su apoyo a la dictadura cubana— y algo del pragmatismo de la nueva izquierda que ha aprendido a ganar elecciones desde Chile hasta México. Si mi brevísima entrevista con Evo era una temprana señal del rumbo de su presidencia, el principal peligro de su gobierno consistiría en que sufriera de «soroche» político, se le subiera el poder a la cabeza, hiciera malabares con la frágil democracia boliviana y aislara a Bolivia de la globalización.

Esta nación, sin salida al mar, se estaba jugando con Evo su salida al futuro.

Compare Eva y Ortega

¿EL NUEVO ORTEGA?

Managua, Nicaragua. Daniel Ortega estaba en campaña. Otra vez. Ésta era la quinta ocasión en que el comandante sandinista buscaba la presidencia de Nicaragua. En eso no había nada nuevo. Pero lo distinto era la forma en que lo estaba haciendo.

En abril de 2006 Ortega seguía criticando a Estados Unidos con vehemencia —igual que lo venía haciendo desde hacía dos décadas— y defendiendo al dictador Fidel Castro como si se tratara de su hermano mayor. Los colores rosas, amarillos y verdes que nos rodeaban en su casa de campaña no aminoraban en nada la contundencia de sus declaraciones.

Este hombre de 60 años de edad, con pocas canas y un leve problema cardiaco, consideraba a Estados Unidos un «imperio que trata de dominar, de juzgar, de imponer» y al presidente de Estados Unidos, George W. Bush, un terrorista «que ha cometido un asesinato masivo allá en Irak». Cuando le pregunté si él tuviera que escoger un amigo entre Bush y Castro, salta con la respuesta.

—Primero, Fidel para mí no es ningún dictador —me di-

25

jo—. Es un revolucionario que defiende la dignidad de los pueblos latinoamericanos.

Pero cuando le pregunto si Fidel Castro (quien había permanecido 47 años en el poder) era responsable de la muerte de miles de personas y de encarcelar a prisioneros políticos, Ortega se rehusó a contestar.

—No, no lo critico —me dijo sobre Fidel—. Yo critico la política norteamericana que ha bloqueado a Cuba.

Cuando le pregunté a Ortega si no era una incongruencia y una hipocresía el querer democracia para Nicaragua pero no para Cuba, respondió con una pregunta:

—¿Qué es democracia?—mi respuesta de que se trataba de un sistema en el cual llega al poder quien consigue más votos en elecciones multipartidistas, le pareció una ingenuidad—. Eso es lo que le enseñan a un niño de cuatro años.

Las amistades de Ortega eran todas conocidas y no las escondía.

—Yo me siento hermano de Khadafi, de Chávez, de Fidel, de Lula, de Evo…

Éste era el viejo Daniel.

Ortega llegó a la presidencia en 1984 en circunstancias poco claras, cinco años después que los sandinistas sacaran del poder al dictador Anastasio Somoza. Pero luego de que el Frente Sandinista de Liberación Nacional perdiera las elecciones en 1990 frente a Violeta Chamorro, Ortega había sufrido una derrota tras otra. Perdió también en 1996 y en 2001. En 2006 él esperaba un resultado diferente.

Y éste era el nuevo Daniel.

Se le había visto muy seguido con el cardenal Miguel Obando y Bravo, y en septiembre de 2005 decidió casarse por la iglesia católica con su compañera, la poetisa Rosario Murillo.

—Sentí que era un compromiso que yo tenía con mi madre —me explicó—. Mi madre siempre me insistió que me casara. Mi madre era muy tradicional, muy católica.

Y eso hizo.

Sus críticos —y eran muchos— aseguraban que Ortega se está mostrando más religioso para tratar de convencer a votantes indecisos en las elecciones de noviembre de 2006. Pero él me aseguró que sus prácticas católicas eran sinceras.

—Yo me formé en una familia católica —insistió. Y como muestra me aseguró que cuando era joven estuvo a punto de entrar al seminario católico, que comulga y que cree en Dios (aunque no en el cielo y el infierno). Sin embargo, esto no había evitado que algunos, en broma, le empezaran a llamar San Daniel.

En asuntos más terrenales, Ortega había negociado incluso con uno de sus principales adversarios políticos, Arnoldo Alemán —quien estaba acusado de corrupción y se encontraba en prisión domiciliaria— pero no lo consideraba su amigo. Gracias a sus negociaciones con Alemán, la Asamblea cambió las leyes electorales permitiendo a cualquier candidato ganar, inclusive, con sólo el 35 por ciento del voto.

A Ortega se le había visto últimamente en un moderno helicóptero (Bell 222) de dos turbinas ocho plazas que, según el diario nicaragüense *La Prensa*, costaba 1 500 dólares la hora. Pero rápidamente desmintió los rumores de que era un préstamo del gobernante venezolano, Hugo Chávez.

—No, eso es absurdo —me dijo. E insistió en que el helicóptero es «de una empresa guatemalteca —pueden averiguarlo—» y que «"cooperantes" del Frente Sandinista se encargaban de pagar sus gastos de operación».

—Las campañas son caras. No hay campaña barata.

27

Además, en un gesto que impactó a la opinión pública nicaragüense, nombró a Jaime Morales como su candidato a la vicepresidencia. Durante décadas Ortega y Morales estuvieron peleados porque el comandante se apoderó, después del triunfo de la revolución sandinista, de la casa de don Jaime, como muchos le decían en Nicaragua. Pocos se explican cómo Ortega logró esa transformación en Morales pero, de pronto, los dos estaban en el mismo partido.

Como periodista era imposible hablar con Ortega y no preguntarle sobre dos temas muy delicados: las acusaciones de violación y abuso sexual que le hizo su hijastra, Zoilamérica Narváez, y el asesinato del periodista y ex compañero de partido Carlos Guadamuz.

—Es un capítulo ya superado —me dijo, al cuestionarlo sobre las acusaciones hechas por Zoilamérica hace ocho años.

El testimonio de ella está repleto de escabrosos detalles. «Daniel Ortega me violó en el año 1982», dice su testimonio público que aparece en Internet. «Él eyaculó sobre mi cuerpo para no correr riesgos de embarazo y así continuó haciéndolo durante repetidas veces.»

—Es totalmente falso —respondió, mirándome sin parpadear—. Falso.

—¿Ella está mintiendo?

—Está mintiendo. Claro que sí.

Traté de ponerme en contacto con Zoilamérica, pero ella prefirió no conversar conmigo a través de una cordial y escueta nota de correo electrónico.

Sobre el asesinato del periodista Carlos Guadamuz, ocurrido en 2004 frente a la estación donde trabajaba, Ortega nunca había hablado de manera directa.

28

—¿Quién lo mató? —le pregunté.

—Está detenido el que lo mató.

—El hijo de él —le dije— lo acusó a usted dos horas después del asesinato como el «verdadero autor» intelectual del crimen.

—Eso fue una reacción emotiva de parte del hijo de Guadamuz —respondió, para luego explicarme que el propio Guadamuz le había enviado una «notita» antes de su asesinato, pidiendo una solución a sus diferencias en el pasado. (Ortega se había negado a apoyar su candidatura a la alcaldía de Managua.)

Terminé la entrevista preguntándole sobre los vivos colores de su campaña.

—Buscan incorporar los colores que tiene Nicaragua en su paisaje, en su costumbre, en su riqueza cultural —me dijo.

Lo que los nicaragüenses no tenían muy claro era si se trataba de un nuevo Daniel Ortega o, sencillamente, del mismo político de siempre pero con un ropaje electoral de un color distinto.

OLLANTA HUMALA

«Soy antiimperialista»

Lima, Perú. Ollanta Humala llegó solo. Nadie acompañaba al candidato presidencial que tomó por sorpresa a la política peruana. Ni un asesor. Ni un coordinador de prensa. Cruzó el marco de la puerta con sus *jeans* azules, camisa de manga corta y huaraches, ofreció su mano y sólo dijo:

—Ollanta.

Así es como muchos veían a este ex militar golpista de 43 años de edad: como un solitario e independiente, sin dinero ni aliados. Por un par de meses estuvo en el primer lugar en las encuestas previas a las elecciones presidenciales del 9 de abril de 2006 y que si no hubiera sido por la interferencia del presidente venezolano, Hugo Chávez, le habría ganado la segunda vuelta de las elecciones a Alan García.

Su mensaje en contra de los políticos tradicionales estaba calando hondo.

—Nos ha engañado la clase política tradicional —me comentó en una entrevista en la casa donde se organizaba su campaña—. La población ha sentido que estas democracias repre-

31

sentativas no representan realmente los intereses de los ciudadanos.

Los latinoamericanos en general, y los peruanos en particular, esperaban no sólo un nuevo mensaje sino también un nuevo mensajero. Y Ollanta decía ser ese nuevo mensajero.

Ollanta era para muchos peruanos lo que Evo Morales es para los bolivianos o Hugo Chávez para los venezolanos. Es decir, alguien que aseguraba representar a los de abajo y que, en un cambio de estrategia, había dejado a un lado sus métodos violentos para llegar al poder con los votos.

No siempre fue así.

Ollanta intentó realizar un golpe de estado en el año 2000 contra el régimen de Alberto Fujimori, pero fue rápidamente aplacado y encarcelado. Perdonado por el Congreso, Humala se fue de agregado militar a las embajadas de Perú en París y Seúl antes de regresar a su país y ser retirado del ejército. Pero regresó con una misión.

Ollanta prefería calificarse como «nacionalista» o «progresista». Rechazaba el término «izquierdista». Sin embargo, reconoció que había recibido consejos del presidente de Venezuela, Hugo Chávez, quien, según sus propias palabras, estaba buscando «el socialismo del siglo XXI».

A finales de 2005 Ollanta visitó Caracas, donde Chávez lo llamo «un quijote».

—¿Le ha financiado Hugo Chávez su campaña? —pregunté.

—No, no me está financiando —me contestó con la sonrisa y el cansancio del que ha respondido la misma pregunta mil veces—. Lo que sí me ha dado es consejos... hay que tener en cuenta que la *performance* política y militar de Hugo Chávez es similar a la mía; los dos somos comandantes del ejército.

Ollanta conocía Cuba —cuando fue de luna de miel a las playas de Varadero—, aunque no a Castro. Pero había dicho que esperaba «tener la suerte de conocer a Fidel». Cuando Ollanta nació, Fidel ya llevaba cuatro años en el poder. Sin embargo, su visión del líder cubano era poco crítica.

—No lo veo como un dictador —me dijo—. Que Castro sea un dictador o no sea un dictador es el problema del pueblo cubano... en todo caso, si yo llego al gobierno, no vamos a romper relaciones con Cuba.

Asimismo, no había ocultado su admiración por otro dictador, Juan Velazco Alvarado, quien en 1968 tumbó del poder en Perú al gobierno del elegido democráticamente Fernando Belaunde Terry.

—Como hombre es admirable —me dijo de Velazco.

Pero me aseguró que esto no significaba que, en caso de ganar las elecciones, se convertiría en un líder autoritario.

Ollanta no era un político fácil de clasificar. Se declaraba «antiimperialista» y denunciaba «los efectos perniciosos de la globalización y la perforación de soberanías». Pero al mismo tiempo me dijo que le gustaría conocer al presidente George W. Bush.

—Si tuviera que escoger —le pregunté— entre una alianza con Estados Unidos u otra con Chávez y Castro, ¿qué haría?

—No creo que se llegue a esas cosas —me dijo pragmático—. En política las cosas no son blanco o negro. Política es, por definición, el arte de lo posible.

Ollanta, de haber llegado al poder, no hubiera erradicado los cultivos de hoja de coca.

—No, no voy a erradicar —me dijo sin titubear—. Lo que voy a hacer es una sustitución de los cultivos excedentes de hoja de coca con actividades rentables.

Ni siquiera quise decirle que otros habían intentado y fracasado con esa fórmula. Él ya lo sabía. Mientras tanto, el narcotráfico se fortalecía.

Ollanta estuvo a la defensiva durante las últimas semanas de su campaña, no por sus posturas respecto de Chávez, Castro, Bush o la coca, sino por asuntos que raramente recogía la prensa fuera de Perú.

El expresivo padre de Ollanta, Isaac Humala, un autodenominado «etnocacerista» o ultranacionalista, había dicho que el «verdadero peruano es el indio, cholo» y que el blanco «es un fracasado».

—Yo no soy racista, yo no creo que se pueda construir un proyecto político sobre el color de la piel —me dijo medio molesto—. Eso es problema de mi padre… pero lo están empleando para destruir al hijo… quieren ver cómo un padre puede dañar a su hijo.

Más complicadas aún eran las acusaciones por violaciones a los derechos humanos que había en su contra. Varios supuestos testigos habían asegurado a la prensa peruana que Ollanta Humala era en 1992 un tal «capitán Carlos», responsable de asesinatos y torturas en las poblaciones cercanas a la base militar de Madre Mía en la selva peruana.

Uno de los testimonios más circulados en los medios de comunicación de Perú era el de Teresa Ávila. Ella aseguraba que le pidió al «capitán Carlos» que no mandara matar a su hermana Natividad, detenida y acusada de ser miembro del grupo rebelde Sendero Luminoso. Pero, según su testimonio, él le contesto: «Si estuviera en mis manos, yo los voy a matar». Natividad, según su hermana, fue encontrada muerta con señales de tortura.

—Yo he sido un capitán Carlos —reconoció Ollanta durante la entrevista—. Pero no he sido ese capitán Carlos González del que están hablando.

El asunto, independientemente de su veracidad, había puesto a la defensiva a Ollanta, al igual que las acusaciones de hostigamiento sexual en contra de su candidato a la vicepresidencia.

La apuesta de Ollanta, sin embargo, era ganar el voto de los inconformes con los partidos políticos tradicionales y la elite gobernante.

—Realmente somos un cambio —me dijo antes de despedirse—. No somos más de lo mismo. Estamos golpeando el poder económico y el poder político… lo que estamos haciendo sí va a cambiar al país.

No hay duda de que si Ollanta ganaba la presidencia, no habría más de lo mismo. Alan García terminó con sus aspiraciones en 2006. Pero había Ollanta para rato.

TONY SACA

Un político nuevo

Read por 10-20-08

Coral Gables, Florida. Tony Saca no es un político convencional. Apenas rebasa los 40 años de edad y dejó el periodismo deportivo por la política; durante sus primeros seis meses como presidente de El Salvador alcanzó un 70 por ciento de popularidad, salió bailando en un programa de televisión, y le incomodan los desplantes de poder y los gestos de arrogancia que son tan frecuentes entre sus colegas latinoamericanos.

Cuando entró a finales de 2004 al restaurante francés Palm D'Or del señorial hotel Biltmore, muy pocos de los invitados a una comida con él se dieron cuenta. No es muy alto —poco más de un metro con 60 centímetros— y sus discretísimos guardaespaldas, en lugar de abrirle el paso, permanecen (por instrucciones de él) en la puerta.

—Cada rato estoy rompiendo el protocolo —me dijo, envolviendo la frase con una franca sonrisa. Él personalmente se fue presentando con la veintena de políticos, periodistas y empresarios que lo esperaban en el salón y en menos de 10 minutos ya dominaba la conversación.

37

Tony Saca es el presidente de seis millones de salvadoreños que viven en El Salvador y de dos y medio millones de salvadoreños que viven en Estados Unidos. No es extraño, por lo tanto, que antes de cumplir su primer año de gobierno ya hubiera visitado Estados Unidos en cuatro ocasiones.

El Salvador vive, en buena parte, de los cerca de tres mil millones de dólares que recibe en remesas enviadas desde Norteamérica. Tony Saca, cuando era un niño, pudo seguir estudiando gracias al dinero que enviaba su hermano Ricardo desde Los Ángeles. Pero ningún país puede depender de las remesas como motor de su desarrollo.

Y eso lo sabe el presidente Saca. Por eso empujó fuertemente la aprobación del CAFTA, el tratado de libre comercio de Estados Unidos con El Salvador, Guatemala, Honduras, Nicaragua, Costa Rica y República Dominicana.

—Al final de cuentas esto se traduce en una sola palabra: empleo —me comentó en un entrevista, al final de la comida—. A mediano plazo, el tratado de libre comercio va a generar una buena cantidad de empleos para tener a la población medianamente satisfecha... algunos hablan de 250 mil empleos o hasta 500 mil empleos (sólo en El Salvador).

Al igual que el resto de América Latina, los principales problemas de El Salvador son la alta criminalidad (particularmente por las «maras» o pandillas), la falta de empleos y la pobreza. El presidente Saca me aseguró que en los últimos cuatro gobiernos de ARENA, su partido, la pobreza extrema se había reducido en 20 por ciento y que su gobierno, bajo la política de «supermano dura», había capturado a más de tres mil pandilleros o «mareros».

Pero aun así, la mayoría de los salvadoreños son pobres, no

tienen empleos bien remunerados, le temen al crimen y, muchos de ellos, buscan emigrar al norte.

—¿Es realista la propuesta del presidente George W. Bush de crear un programa de trabajadores temporales (que más tarde tendrían que regresar a su país de origen)? —le pregunté a Saca.

—Yo creo que es una buena iniciativa del presidente Bush —me contestó—. Hay que ponerle atención a este o a cualquier otro programa migratorio que nos permita legalizar a la gente que está parada por el TPS, que son casi 300 mil salvadoreños.

El TPS es un programa de residencia temporal en Estados Unidos que beneficia, fundamentalmente, a centroamericanos que huyeron de la guerra en su país.

El apoyo de Saca a Bush en asuntos migratorios se extiende también a cuestiones militares. El Salvador es el único país latinoamericano que mantuvo a casi 400 soldados en Irak, mientras que República Dominicana, Honduras y Nicaragua retiraban de ahí a sus tropas.

—¿Cómo justifica la presencia de soldados salvadoreños en Irak cuando no se han encontrado ahí armas de destrucción masiva? —lo cuestioné.

—El Salvador sufrió de terrorismo y El Salvador fue apoyado por la comunidad internacional en momentos difíciles —me dijo a manera de explicación, pero sin referirse a la ausencia de armas de destrucción masiva en Irak—. Nosotros hemos sido muy consecuentes con nuestra política de apoyo a este tipo de misiones… ¿Es conveniente retirarse de Irak cuando todavía no se ha terminado el objetivo, que era la pacificación? Yo creo que no. Tenemos que terminar. Y por supuesto que es un riesgo para nuestros soldados, sus familias y para todos.

—¿Hay peligro de ataques terroristas en El Salvador? —insistí.

—Ya sufrimos amenazas —reconoció el presidente—. Estamos tomando todas las medidas con el consejo de seguridad nacional para evitar una sorpresa en ese sentido.

La política exterior de El Salvador, más allá del tema de Irak, es única en el mundo, según me explicaron en una rápida lección sus dos principales protagonistas: el canciller Francisco Laines, sólo tres años mayor que el presidente, y el embajador salvadoreño en Washington, René León.

El Salvador no tiene relaciones diplomáticas con la dictadura de Cuba ni con la de China. En cambio, El Salvador es parte de una treintena de naciones que reconoce a Taiwán como país independiente y, junto con Costa Rica, son los únicos dos países que aceptan a Jerusalén como la capital oficial de Israel.

Si el candidato del Frente Farabundo Martí de Liberación Nacional, Shafik Handa, le hubiera ganado las pasadas elecciones presidenciales —continuando con una serie de victorias de la izquierda en América Latina—, la política exterior de El Salvador habría dado un vuelco enorme. Pero Saca, de origen palestino, le ganó fácilmente a Shafik.

Saca se describe a sí mismo como un «político nuevo».

—¿Y qué es eso? —le pregunté.

—Si me hubieras entrevistado hace siete años, te hubiera dicho que no soy político —me contestó—. Pero en el mundo actual de la política, Jorge, hay sorpresas… Los políticos nuevos somos aquellos que siempre hemos estado interesados en la política pero que nunca nos habíamos lanzado. Nos cansamos de dar vueltas alrededor de la piscina y nos tiramos a la piscina. Y por todo lo que hemos criticado, hoy nos toca demostrar que podemos cambiar.

40

Suena muy bien y aún tiene varios años por delante para demostrarlo. Pero aquí hay una señal de advertencia.

El último presidente latinoamericano que bailó por televisión, y quien también venía del sector empresarial, fue Hipólito Mejía. Desafortunadamente, el ex presidente de República Dominicana dejó el poder en desgracia y con su imagen pública muy golpeada, además de entregar un país endeudado y en crisis económica. Pocos lo recuerdan con cariño.

Eso es lo que Saca debe evitar a toda costa. Aunque ya tiene varias ventajas. Saca es más joven que Hipólito, habla menos, baila mejor, trabaja mucho y quiere mantenerse en forma. ¿Cómo lo sé? Porque no quiso comerse el postre. Y eso sí me consta.

10-27-08

CUANDO UN NIÑO MATA

Parecía un niño cualquiera. Sólo 17 años. Delgado. Un poco arrogante. Digamos, normal. Pero la diferencia es que él me dijo que había matado a dos personas.

Lo conocí en un centro de detención juvenil en el sur de Estados Unidos, en abril de 2006. Y aceptó hablar conmigo y frente a una cámara de televisión bajo la condición de que no lo identificara. Así que llamémosle Julián.

Estaba acusado de asesinato y esperaba ser presentado ante un juez. Pero como era menor de edad, no lo enviaron directamente a la cárcel.

Lo primero que me sorprendió fue su candidez. No pretendió, ni siquiera, ocultar su crimen. Por el contrario, parecía presumir de él y me lo describió con lujo de detalles.

Julián es miembro de la pandilla de la calle Primera en Los Ángeles, California. Y me contó que su *gang* lo había enviado a Miami para matar a un pandillero enemigo.

Así fue.

Hizo el recorrido por tierra, localizó al pandillero en una

43

fiesta en el sur de Florida, se le acercó a un metro de distancia y ahí lo mató.

—Lo buscamos, estábamos en un *party,* ahí mismo lo vi y ahí mismo le saqué el cerebro —me dijo sin titubear. Lo hizo, dijo, con un rifle AK-47.

—¿Tú recuerdas la imagen de él antes de morir? —pregunté.

—Claro que sí. Lindo —contestó.

Beautiful

—¿Lindo? ¿Me estás diciendo que es lindo verle la expresión a alguien que está a punto de morir?

—A él sí.

—¿A ti te da gusto haberlo matado?

—Sí —concluyó sin remordimientos.

Por este supuesto crimen, Julián podría pasar una buena parte de su vida en prisión. Sin embargo, según me dijo, éste no es el primer asesinato que comete. Cinco meses antes asegura haber matado a otro pandillero de los Latin Kings; lo acuchilló por la espalda en una escuela. El odio que siente por los miembros de esa pandilla es, para él, incuestionable.

—¿Quienes son tus enemigos? —le pregunté.

—Los Latin Kings.

—¿Por qué son tus enemigos?

—Son de otra pandilla —me dijo.

—¿Matarse es la única forma de resolver los problemas?

—Es la única forma de no verlos más a ellos —respondió—. Y van cayendo uno por uno.

Me sorprendieron los ojos oscuros de Julián. Es como si no vieran hacia fuera, como si estuvieran conectados a un mundo interior inaccesible para el resto de nosotros. Cuando me hablaba de sus asesinatos lo hacía como otros adolescentes hablan de sus partidos de futbol o de sus novias. Es decir, como si no se tratara de nada excepcional.

Lo que pasa es que para Julián matar no es nada raro. Él dice que lo ha hecho. Sus compañeros de pandilla lo han hecho. Sus enemigos en la calle lo han hecho.

A pesar de su corta edad, Julián ya tiene un hijo de un año.

—¿Tú quisieras que tu hijo fuera como tú? —pregunté.

—No —me contestó, ablandándose por primera vez durante la entrevista.

—¿En qué quisieras que fuera distinto?

—Quiero que sea algo en la vida. Ser algo mejor que yo. No ser así como yo, en prisión toda la vida.

Julián está muy orgulloso de ser miembro de la pandilla de la Primera. «Primera sangre», me repitió varias veces durante la entrevista, haciendo con sus dedos la señal que identifica a su *gang*. Pero en un extraño momento de reflexión, cuando le dije si le gustaría que su hijo fuera miembro de su pandilla, lo pensó tres segundos y luego dijo:

—No.

Fue ésa la única vez en que lo sentí contestar como si fuera un niño.

CARLOS FUENTES

«México aguanta dos volcanes»

Ciudad de México. Para mí se está convirtiendo en una tradición: cada vez que hay elecciones presidenciales en México le llamo al escritor Carlos Fuentes y le pregunto cómo ve las cosas. Lo hice en 2000, cuando México se convirtió en una verdadera democracia representativa, y lo repetí en 2006 tras las elecciones más competidas en la historia del país. Inevitablemente salgo de nuestra conversación con una idea mucho más clara del momento que está viviendo la República Mexicana.

Así lo vi: suéter azul, camisa abierta, ojos atentos, bigote bailarín, manos perfectas, enfáticas, palabras precisas, en control, a gusto en su piel color sol y negándose a decir, con cortesía, por quién votó: «El voto es secreto».

—México aguanta dos volcanes —me dijo el autor nacido en 1928 cuando le pregunté si la frágil democracia mexicana, con apenas seis años de vida, podía soportar un resultado electoral tan estrecho, quejas, impugnaciones y protestas.

El Instituto Federal Electoral acababa de determinar que Felipe Calderón, el candidato del Partido Acción Nacional (PAN), había ganado por 243 mil votos (o el 0.58 por ciento) la elección presidencial a Andrés Manuel López Obrador, del Partido de la Revolución Democrática (PRD).

—Éste es un país con una sociedad civil muy fuerte, que tiene una cultura muy fuerte y que ha venido practicando la democracia en mil agrupaciones cívicas —añadió—. Hay una cultura cívica que se ha desarrollado subterráneamente, si usted quiere. Este país tiene una larga tradición de ejercicio democrático que, si no se ha manifestado siempre en la altura institucional, sí se ha ejercido a la altura de la cultura popular.

De pronto, las elecciones presidenciales en México y los días de incertidumbre que le siguieron —tras la impugnación de los resultados oficiales hecha por López Obrador y las marchas multitudinarias de protesta— tenían un airecillo de la crisis electoral que vivió Estados Unidos en 2000.

Pero había más.

Los ataques personales, los insultos y la publicidad negativa que caracterizan cualquier elección norteamericana, local o federal, en 2006 entraron a México de un jalón. La pregunta era, entonces, si la política en México se estaba «americanizando».

—Nos estamos afrancesando, italianizando, españolizando —contestó quien escribió *La región más transparente* y *Diana o la cazadora solitaria*—. Quiero decir que estamos entrando en la normalidad democrática.

Fuentes, el mismo que fue embajador mexicano en Francia y que luego renunció en protesta, rechazó la sugerencia de algunos perredistas de que la elección de 2006 tenía, en sustancia, ciertas similitudes con el fraude electoral de 1988, cuando el priista Carlos Salinas de Gortari le robó la presidencia al ingeniero Cuauhtémoc Cárdenas.

—¿A usted esto le huele a fraude?

—¡No puede haber fraude! —respondió, subiendo la voz—. Las instituciones, los candados, como le decimos aquí, no lo permiten. Porque el sistema está muy fundamentado y la elección ha sido perfectamente transparente. De ninguna manera. Y es muy peligroso hablar de fraude.

México tiene una larga y triste historia de violencia al tratar de resolver sus conflictos. Y ahí están la Independencia (1810), la Revolución (1910), la matanza de Tlatelolco (1968) y el asesinato de Luis Donaldo Colosio (1994), para poner sólo unos ejemplos. Sin embargo, Fuentes creía que ésta era una actitud superada. *outdated*

—Hay otro país que tiene una historia de gran violencia que es España —me explicó, didáctico, el autor de *Terra Nostra* y *El naranjo*—. La guerra civil española fue una de las más grandes matanzas del siglo XX y han logrado encausarse en, hacia y con la democracia. Yo creo que en México ha pasado lo mismo. Hay una memoria de la violencia del pasado. No creo que nadie en México quiera regresar a esa violencia, sino que se acepten y se adopten todas las avenidas legales y constitucionales que se han abierto en los últimos 15 años.

Tanto los resultados preliminares —que fueron tan imprecisos como controversiales— como el conteo de los votos oficiales le dieron a Calderón una ligera, pero clara ventaja sobre López Obrador. Y Fuentes explicaba estos resultados, en parte, por la campaña del miedo contra López Obrador y por la religiosidad del pueblo mexicano.

—Sí funcionó —me dijo sobre la campaña del miedo—, porque amedrentó *frightened* a mucha gente que no votó por López Obrador. Simplemente eso. Pero ese voto es válido. Fue una táctica electoral, igual que en Estados Unidos donde Bush ganó la elección a partir del miedo, el terrorismo y la religión.

—¿El catolicismo sigue pesando tanto en los mexicanos en 2006?

—Yo creo que la Virgen de Guadalupe es la que, finalmente, decide las elecciones en México —respondió con una sonrisa y echándose hacia atrás en un cómodo sillón *beige* de su casa en el sur de la capital mexicana—. En medio de todos los trancazos que nos hemos llevado en los últimos 50 años siempre es la figura inmaculada, la figura intocable, es la figura que nos permite decir «gracias a dios somos ateos».

—Con tantos (votantes) indecisos, ¿cree usted que al final muchos mexicanos votaron por el candidato que se sentía más católico, en este caso Felipe Calderón?

—Posiblemente —me dijo—. Yo creo que muchos sí votaron por razones religiosas por Calderón. México es un país conservador y siempre lo ha sido —agregó, para luego calcular que con la suma de los votos del PAN y el PRI (Partido Revolucionario Institucional)—: ya tenemos una mayoría de derecha.

El nuevo presidente de México tenía dos retos inmediatos. El primero era gobernar un país dividido por la mitad. Ganó con 15 millones de votos pero 26 millones votaron contra él. «El gobierno tiene que ser conciliación; es un gobierno que tiene que negociar con un Congreso dividido en tres partes.»

El otro problema era crear buenos trabajos para que los jóvenes mexicanos dejaran de irse a Estados Unidos.

—Lo que está pasando con el trabajador mexicano ya no se puede llamar migración —comentó el escritor de *El espejo enterrado*, donde analiza la relación entre México y Estados Unidos—. Es un éxodo. Se nos están yendo millones de personas... De 120 millones de mexicanos, 50 millones viven en el desempleo. La pobreza los obliga a emigrar. Son problemas permanentes en México que tiene que abordar el próximo presidente.

En 2006 México pintó su raya. México podía aguantar dos volcanes, pero ¿podría aguantar a dos candidatos presidenciales que se declaraban ganadores de las elecciones?

Fuentes creía que sí se podía.

—Estamos dentro de una normalidad democrática, con los vicios y virtudes propias de la democracia. Como dijo Winston Churchill, la democracia es el peor sistema político, con excepción de todos los demás.

Felipe Calderón

«Soy un pecador estándar»

Ciudad de México. Felipe Calderón siempre tuvo muy claro que Andrés Manuel López Obrador era el candidato a vencer. Durante los dos años que precedieron a las elecciones presidenciales de 2006 en México, López Obrador tuvo una clara ventaja frente a otros contendientes en la mayoría de las encuestas. Pero Calderón nunca le perdió el ojo.

Calderón, en contra de todos los pronósticos, le arrebató la candidatura del Partido Acción Nacional (PAN) al ex secretario de Gobernación, Santiago Creel. Incluso en ese momento, Calderón tenía puesta la mirada en López Obrador. Y ya como candidato se levantaba y dormía pensando en cómo ganarle al candidato del Partido de la Revolución Democrática (PRD).

Hablé con Calderón en su casa de campaña en la Ciudad de México dos meses antes de las elecciones del 2 de julio y me sorprendió que no tenía ojeras a pesar de estar durmiendo únicamente cuatro o cinco horas diarias. Este candidato de 43 años, con anteojos, poco pelo y procedente de una familia con una larga tradición política —su padre fue fundador del PAN— te-

53

nía una sola cosa en su mente: quitarle la delantera a López Obrador.

—Sí, ésa es la competencia —me dijo—. La diferencia entre él y yo es muy sencilla: yo voy a ser el presidente del empleo y él es el matachambas de los mexicanos.

En México había una nueva forma de hacer política. Era una guerra sucia a través de anuncios por televisión. El anuncio que más había llamado la atención acusaba a López Obrador de ser autoritario e intolerante y lo comparaba con el presidente de Venezuela, Hugo Chávez.

—No tengo por qué aprobar la publicidad que hace el PAN —me dijo Calderón—, pero estoy de acuerdo con lo que ahí se refleja. Hugo Chávez le dijo «cállate» al presidente Fox (lo cual nos pareció repugnante a la mayoría de los mexicanos) y López Obrador también le dice «cállate» al presidente Fox y lo arremete, le dice: «Cállese, chachalaca».

López Obrador, según Calderón, se parecía «a Hugo Chávez en este autoritarismo, en esa sensación de que la verdad sólo la posee él y en ignorar absolutamente la ley como principio rector de la convivencia humana y la democracia».

—Déjeme tratar de entender su campaña —le dije—. ¿Su objetivo es crear el miedo en los mexicanos de que si llega López Obrador a la presidencia va a ser un México autoritario?

—No —respondió—. Es simplemente decir lo que es cierto: que yo soy mejor opción que López Obrador.

—A usted también —le comenté— lo acusan de tener muy mal genio.

—Pues no lo sé —me dijo, serio—. Pero me dicen que soy un hombre de carácter… y te aseguro que a México le va a venir muy bien tener un presidente con carácter, con mano firme.

Calderón era parte del partido más conservador de México, el que estaba más a tono con la Iglesia católica. Sin embargo, Calderón me dijo que no iba a misa todos los domingos y que sólo comulgaba «cuando estoy en paz con mi propia conciencia».

—Soy un pecador estándar —me dijo a manera de definición.

Cuando le pregunté si él estaba en contra del aborto, me dijo:

—Estoy a favor de la vida.

Y luego le hice una pregunta mucho más personal.

—¿Que pasa si alguien viola a su hija y quiere abortar?

—Mira —me contestó buscando mis ojos—, por principio, espero que eso no ocurra y voy a trabajar fuertemente para que no ocurra... Pero saliéndome de la concreción del caso (su hija tiene nueve años de edad), sí te puedo decir que en los casos de violación, cuando la mujer que es objeto de la violación decide abortar, la ley mexicana no la penaliza... y yo respeto la ley porque el primer deber de un gobernante es respetar la ley.

Del aborto pasamos al dinero. La corrupción ha sido uno de los problemas endémicos de la política mexicana. Sin embargo, Calderón dijo (mostrándome sus dedos) que iba a «entrar con estas manos limpias a la presidencia y, con estas manos limpias, voy a salir de la presidencia».

En un rápido cálculo me dijo que entre él y su esposa tenían el equivalente a unos 750 000 dólares (por cuentas de banco y el valor de su casa) y que dicho capital había sido «ganado honradamente». Me dijo también que era el único candidato «que ha mostrado su patrimonio al público». A pesar de su capital, que era mucho más de lo que tenía la vasta mayoría de los mexicanos, se rehusaba a ser calificado como el «candidato de los ricos».

Y terminamos la entrevista de la misma forma en que la comenzamos, hablando de su pelea por ganar la presidencia de México.

—Yo quiero un México ganador para mis hijos —me aseguró.

—¿No era usted un niño dejado? —le pregunté.

—Jamás —contestó—. Al contrario. Me dicen el hijo desobediente... Y no me voy a resignar a dejar a México en manos de los demagogos, de la mentira política. Yo voy a pelear, y voy a ganar, por un México distinto y mejor para ellos. Estoy en esta lucha por ello.

Andrés Manuel López Obrador

«Soy el presidente de México»

Ciudad de México. Llegó 10 minutos antes de lo acordado. Eran
las nueve y veinte de la mañana. Sin prisa. Sólo lo acompañaba
su jefe de prensa. Ya venía maquillado de otra entrevista que
acababa de hacer para la televisión mexicana ese miércoles 26 de
julio de 2006. Pero, igual, se tomó el tiempo para pensar lo que
iba a decir, mientras se revisaba en un espejo la corbata entre
morada y rosa sobre un traje café. Las canas estaban recién re-
cortadas.

Esperaba encontrarme a un candidato presidencial exhausto,
tenso, nervioso, malhumorado, pisándose las ojeras.

—No ha sido un día de campo —me dijo.

Sin embargo, me encontré a un Andrés Manuel López
Obrador relajado, dicharachero y con una buena dosis de sentido del humor.

—Quedé exprimido como un limón —me diría al final de la
entrevista con una sonrisa.

Ésta era la tercera entrevista que tenía con el líder del Partido de la Revolución Democrática. Lo sentí en paz con sus deci-

siones. Las dudas que percibí en las dos ocasiones anteriores habían desaparecido. Esta vez habló sin dar vueltas.

Entramos a un cuarto oscuro donde nos esperaban, ya rodando, tres cámaras de televisión. Una luz caía sobre su cara y mientras le ponían el micrófono se quedó varios segundos con la mirada perdida. Yo tenía sobre mis rodillas una lista de casi 30 preguntas apuntadas a mano en un bloc de papel amarillo. Apenas el día anterior me había confirmado la entrevista y estuve a minutos de perder el último vuelo de Miami a la Ciudad de México. Llegué.

Me encontraba, tras mucho insistir, frente al hombre que estaba haciendo noticia y que había puesto a México al borde de una crisis electoral sin precedentes. A pesar de los resultados oficiales que indicaban que el candidato del Partido Acción Nacional, Felipe Calderón, le había ganado por 243 mil votos (o sea, el 0.58 por ciento del total), López Obrador se rehusaba a reconocer su derrota. Por el contrario, en la entrevista me diría que él era el presidente y que la elección fue fraudulenta de principio a fin.

Mi primera misión era entender cómo se dio, según López Obrador, el fraude.

—Podemos hablar de dos momentos —me explicó.

El primero fue «todo lo que significó la falta de equidad antes de la elección: el manejo inequitativo en espacios de radio y televisión, el uso del dinero, el uso indebido, ilegal, de las instituciones y de los programas gubernamentales para apoyar al candidato del PAN, la intervención del presidente Vicente Fox, la guerra sucia... y la intervención del Consejo Coordinador Empresarial. La ley establece expresamente que no deben participar organizaciones civiles o ciudadanos con *spots* de radio y televisión».

ANDRÉS MANUEL LÓPEZ OBRADOR

—Si usted ve en todo esto un fraude, ¿por qué no se retiró? —le pregunté.

—Porque yo pensaba que con todo les íbamos a ganar —contestó, para luego añadir—: sí, al final de cuentas, les ganamos.

La segunda parte del fraude, según López Obrador, se dio después de la elección del domingo 2 de julio de 2006. No fue, de acuerdo con su versión, un fraude cibernético sino «a la antigüita».

—El fraude está en la falsificación de actas —me dijo—. Hay un número determinado de actas que están falsificadas en donde hay más votos que boletas... Un millón y medio de votos. Probado... Es una documentación oficial. Tenemos toda la información.

El PRD se convirtió en la segunda fuerza política de México tras las elecciones de 2006. Los perredistas tendrían una fuerte presencia tanto en la Cámara de Diputados como en el Senado.

—¿Entonces cómo le pudo ir tan bien a su partido y usted perder la elección presidencial? ¿No hay una contradicción aquí?

—No es una contradicción —respondió—. Imagínate. Gano 16 estados, incluyendo los tres más poblados (el Distrito Federal, el Estado de México y Veracruz), y pierdo la presidencia. Es inexplicable.

—¿Quién estuvo detrás del fraude? —lo cuestioné.

—Fox, el candidato del PAN (Felipe Calderón) y sí, desde luego, el Instituto Federal Electoral (IFE) y otros actores.

Cuando le dije que esto implicaría que cientos o, quizás, miles de mexicanos se hubieran coordinado para que él perdiera, López Obrador respondió que «no hace falta que se coordinen muchos», que bastó una «cúpula» de líderes para realizar el fraude. Para el candidato perredista, el presidente Fox es un «traidor a la democracia».

Ante esto, la pregunta era hasta dónde López Obrador estaría dispuesto a llegar.

—El límite es la no violencia —dijo—, o para expresarlo de otra manera, es un movimiento pacífico.

Durante la entrevista, el perredista recordó que cuando Vicente Fox fue candidato a la gubernatura de Guanajuato en 1991 y perdió por un fraude, tomó varias carreteras y el aeropuerto de la ciudad de León. Cuando le pregunté si él descartaba, por ejemplo, tomar el aeropuerto de la Ciudad de México si no había un recuento de todos los votos, se limitó a decirme que haría «todo lo que pueda significar defender el voto, defender la democracia».

López Obrador estaba a punto de cumplir los 53 años de edad y no era ningún secreto que para las elecciones de 2012 pudiera haber candidatos del PRD más jóvenes y presidenciables, como Lázaro Cárdenas Batel, el gobernador de Michoacán, y el nuevo alcalde de la Ciudad de México, Marcelo Ebrard.

—Yo ya no podría en 2012 —estableció López Obrador—. Yo, por convicción, estoy en contra de la reelección. Yo ya soy presidente.

Sinceramente, su declaración me tomó por sorpresa, al igual que a la veintena de personas que estaban presenciando la grabación de la entrevista de casi media hora. Por eso insistí.

—¿Usted se siente presidente?

—Yo gané la elección presidencial —explicó López Obrador—. Sí, yo soy el presidente de México. Yo soy el presidente de México por la voluntad de la mayoría de los mexicanos.

—Eso es fuerte —comenté

—Sí, y lo que quiero es el recuento. Yo gané la elección presidencial.

López Obrador calculaba que recontar todos los 41 millones

de votos de las elecciones de julio de 2006 tomaría seis días y que eso era mejor que seis años de inestabilidad política, sospechas y con un presidente ilegítimo.

—Lo que le estoy proponiendo a Calderón es que para disipar las dudas, para que no haya sospechas, para que haya legitimidad, que se haga un recuento de votos —declaró—. El que nada debe nada teme. Si Calderón dice que ganó la elección, ¿por qué se opone al recuento de votos?

Calderón había contestado, a través de una carta, que el recuento de votos no dependía «de lo que los candidatos opinemos, sino de lo que la ley dispone». Pero López Obrador lo que quería de Calderón era su disposición personal, no un permiso legal, para contar todos los votos (al igual que se había hecho en la disputada elección presidencial en Costa Rica que ganó Óscar Arias con un 0.70 por ciento de ventaja).

—¿Tiene miedo de que lo maten? —le pregunté—. ¿Tiene miedo de que haya gente que trató de que usted no llegara a la presidencia y que ahora digan, bueno, si sigue presionando lo matamos?

—No —dijo cortante—. Tengo miedo como todos los seres humanos, pero no soy un cobarde.

—¿Le molesta, y con esto terminamos, que lo puedan acusar de mal perdedor [o de] revoltoso?

—No —contestó—. No me afecta eso. Porque estoy bien con mi conciencia, estoy bien conmigo mismo, tengo convicciones, tengo principios, estoy defendiendo una causa justa, entonces no me preocupa. Además, no tengo la piel de gallina. Ya llevo tiempo en esto y sé enfrentar adversidades.

—¿Y el presidente de México es usted, según usted? —fue mi última pregunta.

—Sí —dijo para concluir—. En el recuento yo gano la elección. A pesar de los pesares, a pesar de todo el fraude, nosotros ganamos el 2 de julio.

El domingo 30 de julio de 2006 más de un millón de personas se reunieron en el Zócalo de la Ciudad de México para apoyar la exigencia de López Obrador de un recuento total de los votos. A partir de entonces, se crearon campamentos en varios puntos de la capital mexicana, desquiciando el ya terrible tráfico defeño.

López Obrador estaba convencido de que había ganado la elección presidencial y no estaba dispuesto a darse por vencido. Nada, ni la decisión del Tribunal Electoral del Poder Judicial de la Federación, ni el conteo oficial de los votos pudieron cambiar su visión de que el 2 de julio él había gando. Nada.

«YO NO QUIERO SER MÁRTIR»

Andrés Manuel López Obrador tenía dos secretos. El primero lo había convertido de acusado en acusador, movilizando a más de un millón de personas —según las cifras del Partido de la Revolución Democrática (PRD)— el domingo 24 de abril de 2005 para protestar por su desafuero como jefe de gobierno de la Ciudad de México. El segundo era un secreto, relativamente bien guardado por la familia López Obrador, pero que se había filtrado y distorsionado en Internet, y que estaban utilizando sus enemigos para tratar de descalificarlo como candidato en las elecciones presidenciales de 2006.

Esta tarde hablaríamos de sus dos secretos.

—¿Cómo le fue? —le pregunté, poco después de que terminara la marcha.

ANDRÉS MANUEL LÓPEZ OBRADOR

—Nos fue bien —me dijo López Obrador, como si no se tratara de una de las manifestaciones más grandes en la historia de México.

Venía contento y muy asoleado. Una pestaña desprendida o un pedacito de basura le había puesto rojo el ojo izquierdo. Pero ni eso le afectó el ánimo. Se sentó a platicar conmigo frente a tres cámaras de televisión, cerró su saco azul con dos botones ahorcando la corbata contra su camisa blanca.

—Le voy a robar unos 25 minutos —le advertí.

—Listo —respondió y luego me clavó la mirada.

Iniciamos, inevitablemente, hablando de la marcha.

Los mexicanos que asistieron a la manifestación «no quieren que se les arrebate su derecho a elegir», me dijo.

—El desafuero, el pretender hacerme a un lado, no sólo me afecta en lo personal sino que es un golpe a la incipiente democracia mexicana.

—¿Quién no quiere que usted llegue a la presidencia? ¿Es el presidente Vicente Fox? —le pregunté.

—Sí —dijo, sin titubear, casi interrumpiéndome—. Yo considero que sí es el presidente; esto se fraguó, se tramó en Los Pinos… Es un complot, una confabulación con Salinas.

—¿Pero por qué Carlos Salinas de Gortari? —brinqué—. Él es un ex presidente…

—Sí —se adelantó el alcalde capitalino—, pero tiene mucha influencia todavía.

Y para demostrarlo me comentó que una vez Salinas de Gortari «fue a una televisora, a una reunión que hacen para definir la línea editorial, y ahí les dijo que yo no tenía por qué ser el candidato presidencial para 2006, que lo mío era un asunto nada más local, que yo no tenía presencia en el resto del país».

Pero había algo más.

—¿Usted cree que Salinas y Fox se reunieron en alguna ocasión y dijeron: «Vamos a evitar que López Obrador llegue a la presidencia»? —cuestioné.

—Todo hace pensar que sí —respondió, para luego aclarar—: Desde luego, yo no tengo elementos. Pero lo que sí sé es que Salinas se ha dedicado a hacer un trabajo político en mi contra.

El miedo

La posibilidad de que otro candidato presidencial en México fuera asesinado o sufriera un atentado era un tema que le incomodaba y en el que prefería no pensar. Pero las preguntas eran obligadas.

—Si alguien lo quiere destruir políticamente —le planteé—, ¿llegarán al punto de que estuvieran dispuestos a matarlo? ¿Tiene miedo que lo maten?

—No, no quiero pensar en eso —dijo López Obrador, un viudo de 51 años de edad en 2005 y padre de tres hijos—. Yo no soy un cobarde. Soy un ser humano, desde luego, y todos tenemos miedos. Pero no soy un cobarde, no quiero pensar en eso… yo espero que no lleguemos a eso.

—Yo no veo que se cuide usted mucho en sus conferencias de prensa en la calle —le dije, notando que no le gustaba estar rodeado de guardaespaldas y que no usaba chaleco antibalas—. La gente se le acerca, lo puede tocar y saludar.

—Sí, porque tengo mi conciencia tranquila, Jorge —me respondió—. Además, me cuida la gente… y no se podría hacer mucho para evitar una cuestión fatal; eso está demostrado.

—Algunos mexicanos a quienes les comenté que venía a entrevistarlo, me dijeron: «Oiga, dígale que se cuide, que no le vaya a pasar lo de Colosio».

—Sí, pero no se puede evitar —repitió casi con resignación—. Hay que tomar ciertas precauciones, pero no puede uno andar rodeado de guardaespaldas, porque no creas que es de mucha utilidad. Ahí está el caso del asesinato del candidato presidencial del PRI, Luis Donaldo Colosio, también está el del presidente norteamericano John F. Kennedy y hay otros casos... cuando deciden hacer una cosa de ésas es muy difícil que se pueda uno librar.

EL DESAFUERO Y LAS ENCUESTAS

La situación jurídica de Andrés Manuel López Obrador estaba muy lejos de resolverse en esa primavera de 2005. De hecho, debido a que no había un precedente similar, existían interpretaciones encontradas sobre el destino legal del «Señor López», como le decía el vocero del presidente Vicente Fox. Sin embargo, tras la renuncia del procurador general que llevaba su caso, se abrió el camino para una solución política y evitar, así, que fuera a la cárcel.

—Pareciera a veces que usted quería que lo metieran a la cárcel —le comenté—, para hacer campaña desde ahí, igual que lo hizo con éxito Nelson Mandela en Sudáfrica.

—No —dijo—. Ésa es un poco la idea de los adversarios. Yo lo que decidí fue protestar en la cárcel.

Las encuestas más de un año antes de las elecciones presidenciales de julio de 2006 ponían a López Obrador claramente a la delantera entre los posibles candidatos a la presidencia con una intención de voto cercana al 40 por ciento.

—Sus opositores dicen que se está presentando como un mártir y que así va a ganar más votos —apunté.

—Pues entonces que no me hagan mártir, yo no quiero ser mártir —declaró—. Yo lo que quiero es que respeten mis derechos, que dejen en libertad al pueblo para que elija a sus gobernantes.

El secreto de Andrés Manuel López Obrador era leer mejor que nadie lo que querían y sentían millones de mexicanos. Su popularidad se basaba en la ingeniosa forma en que le había revirado al gobierno las acusaciones en su contra, como un *boomerang*, ganándose el apoyo de los mexicanos más pobres y desilusionados, y poniendo contra la pared a los principales actores del sistema político.

Para sus opositores, López Obrador era una mezcla de caudillo y Robin Hood a la mexicana; para sus amigos, en cambio, era un hombre honesto y entrón que no se iba a dejar arrebatar las elecciones presidenciales, como le ocurrió al también perredista, Cuauhtémoc Cárdenas, con un fraude en 1988.

Él era, no había duda, el protagonista de la política en México a finales del sexenio. No el presidente Fox.

—Algunos dicen que ha sido demasiada arrogancia compararse con Gandhi o Martin Luther King —dije.

—No, mira, yo respeto a los personajes de la historia mundial —comenzó a decir—. Son defensores de derechos civiles y desde luego nos dan ejemplo... pero yo no me estoy comparando.

Y ya que estamos hablando de ejemplos, le anoté que el presidente Vicente Fox decía que el desafuero de López Obrador era un ejemplo de cómo se aplicaba la legalidad en México.

—No es cierto, no violé la ley, no hay ningún delito —respondió con firmeza—. Mira, hay 16 mil hojas en el expediente y no hay una sola prueba en mi contra; yo no firmé un solo documento. Mira, te explico —añadió, didáctico—. En el gobierno de la ciudad se reciben alrededor de 100 juicios diarios y éste fue uno de ellos. Si yo me dedicara a atender estos 100 juicios sencillamente no haría otra cosa, no gobernaría... Yo no firmo nada que tenga que ver con estos asuntos.

—Entonces —insistí—, ¿usted está convencido de que es absolutamente inocente?

—Totalmente: esto lo fabricaron y el propósito es hacerme a un lado con miras a las elecciones de 2006.

LOS VIDEOS Y EL DINERO

Los adversarios de López Obrador aseguraban que sus tácticas de confrontación con el gobierno y con la vieja guardia política habían distraído la atención de los mexicanos respecto a los casos de corrupción de dos de sus más cercanos colaboradores: Gustavo Ponce, su secretario de Finanzas, que fue filmado mientras apostaba en un casino de Las Vegas mucho más dinero del que ganaba, y René Bejarano, coordinador de su partido, quien apareció en un video recibiendo una maleta con dinero y metiéndose fajos de billetes en los bolsillos.

Si López Obrador no sabía, podía ser acusado por negligencia; y si sabía, lo enlodarían por complicidad. ¿Cuál era su explicación?

—No sabía, en los dos casos —me dijo sin titubear—. Ya lo he explicado muchas veces… No sabía. Yo no establezco relaciones de complicidad con nadie. Yo no sabía que Gustavo Ponce era adicto al juego. Y en el caso de René Bejarano, él ya no estaba en el gobierno y yo no lo mandé a buscar dinero. Desde luego, el propósito de los videos era dañarme a mí, el misil iba dirigido a mí, a destruirme porque iba a quedar la suspicacia.

—Estos videos —le dije— obviamente afectan su imagen de austeridad.

—Pues no la afecta —desafió—. No la afecta porque fue como pasar una prueba de ácido; ellos calcularon que con este escándalo me iban a destruir y afortunadamente la gente me dio su confianza.

—¿Usted lleva una vida muy austera?

—Yo vivo de manera austera, yo no ambiciono el dinero más allá de lo que necesito para vivir, para mantener a mi familia.

—Se ha hecho famoso el coche Tsuru con el que va.

—Sí, es modelo 2000. Desde que entramos al gobierno no compramos vehículos nuevos para funcionarios, nos bajamos los sueldos, no hay viajes al extranjero, no hay viáticos, no hay remodelación de oficinas.

—¿Cuánto dinero tiene usted?

—Bueno, dinero en efectivo debo tener ahora como 35 mil pesos. Tengo el departamento donde vivo en la ciudad y una casa en Tabasco. Básicamente eso es lo que tengo.

—Se lo pregunto porque si usted llegara a la presidencia, muchos mexicanos quisieran estar seguros de que al terminar la presidencia siguiera manteniendo exactamente las mismas propiedades. Es poco.

—Sí, mira, es poco. Pero además no ambiciono tener dinero, no es mi propósito en la vida; ni la ambición del dinero ni la ambición del poder por el poder. No voy a llegar a la presidencia dejando trozos de dignidad por el camino. Todo esto lo hubiera podido resolver relativamente fácil si hablo con dos, tres personas y se pacta, se tranza. Pero eso sería traicionar mis principios y, además, sería traicionar al pueblo de México.

EL SECRETO DE LA FAMILIA

Mientras hacía la investigación para esta entrevista, entré a Internet y busqué en el sitio Google.com el nombre del hermano menor del jefe de gobierno de la Ciudad de México, José Ramón López Obrador. Y ahí, para mi sorpresa, encontré al menos 10 referencias a su muerte con una pistola. Y se lo comenté.

—¿Usted entra a Internet?

—Muy poco —me dijo—, mis hijos sí, básicamente.

—En Internet hay varios artículos que lo vinculan con la muerte de su hermano menor, José Ramón, con una pistola calibre .22. ¿Nos pudiera explicar que pasó un 14 de mayo de 1962?

—Pues éste fue un accidente de mi hermano —me dijo con absoluta seriedad—. Muy lamentable. Estábamos en una tienda que tenían mis padres, él estaba jugando con un arma y se disparó.

—¿Fue una pistola calibre .22?

—No, fue de un calibre mayor. Y esto lo usan mis adversarios queriéndome involucrar.

—¿Cuántos años tenía usted?

—Catorce.

—¿Y su hermano?

—Trece.

—Eso lo debió haber marcado. ¿Usted estuvo ahí en el incidente?

—Estuvimos ahí. Nosotros lo vimos. Fue una cosa muy fuerte, algo lamentable, muy duro. Cuando tuvimos un debate con Diego Fernández de Cevallos (en el año 2000) se atrevió a sacarlo, no de manera directa, sino diciendo: «Dicen las revistas». Es parte de la guerra sucia que estoy enfrentando. Qué bien que tocó el tema de Internet. No es que Internet sea malo pero los artículos que ahí aparecen sobre este incidente no son confiables, no hay pruebas. Es algo muy lamentable, muy íntimo, muy de nosotros, muy de familia. Y no quiero hablar de eso; usted me lo pregunta y ahora lo estoy haciendo. Pero es lamentable que se utilice eso. Pero son capaces de todo.

HOMBRE DE FE: «NO SOY PROTESTANTE»

El mismo día de la entrevista en la primavera de 2005, la primera dama del país, Marta Sahagún, había visitado el Vaticano para recibir la bendición del nuevo papa. A su vez, Benedicto XVI le envió a través de ella un saludo al presidente Fox, quien nunca había ocultado su catolicismo.

—¿Usted cree que todo presidente mexicano tiene que ser católico?

—Yo creo que los presidentes de México pueden tener religión o ser agnósticos o ser librepensadores.

—¿Usted es protestante adventista?

—No, no soy protestante, no soy adventista. Soy católico. Pero lo digo porque usted me lo pregunta, porque creo que no debe mezclarse la religión con la política... Yo llevo buena relación, desde luego, con católicos, pero también con protestantes, con evangélicos, de todas las denominaciones, y desde luego me llevo muy bien con agnósticos, con librepensadores.

—¿Usted cree que cuando se muera hay algo más después de esta vida? ¿Es usted un hombre de fe?

—Yo soy un hombre de fe. Yo soy un hombre de fe y por eso estoy en este movimiento, en esta lucha. Yo tengo mi manera de encomendarme.

SU PROYECTO DE PAÍS

López Obrador había hablado mucho sobre qué quería hacer en México como presidente, pero poco sobre cómo pensaba lograrlo.

—Sus críticos dicen que usted es un político populista, que promete mucho y que luego no va a poder cumplir. Que la deuda externa, si llega a la presidencia, se dispararía, que la inflación crecería y que es un Hugo Chávez mexicano.

—Bueno, dicen muchas cosas, en efecto. Pero no soy como me pintan.

—Pero su administración tiene una deuda bastante grande.

—No, eso es lo que se ha dicho sin fundamento; el crecimiento de la deuda en la ciudad en estos últimos cuatro años es el más bajo en 20 años.

—Pero ha crecido la deuda, a eso me refiero.

—Sí, pero no como venía creciendo... Es un truco muy en-

DETRÁS DE LA MÁSCARA

sayado llamar populista, paternalista, a lo poco que se destina a los pobres.

—¿Usted gobernaría para los pobres?

—Yo gobernaría para todos. Yo tengo una frase que creo que lo resume. Dice: «Por el bien de todos, primero los pobres».

—Empresarios y banqueros lo han criticado fuertemente. ¿Puede llegar a la presidencia sin el apoyo de empresario, de banqueros y como, usted ha dicho, de «ese grupito de 100 personas que gobierna el país»?

—Yo tengo apoyo de empresarios. No es teoría. En la ciudad nos llevamos muy bien con todos los inversionistas. Te recuerdo que la Ciudad de México significa el 23 por ciento del producto interno nacional.

—¿Y por que le tienen tanto miedo?

—Porque los voy a sacar de los negocios ilegales, porque eso no se puede permitir; han quebrado al país.

—¿Cómo va a crear un millón de empleos al año que se necesitan para el nuevo mercado laboral? Estamos perdiendo frente a China y la India trabajos que antes eran de nosotros. ¿Cómo crear tantos empleos?

—El mejor recurso de un país es su gente. ¿Cómo le vamos a hacer nosotros? ¿Cómo crear este millón de empleos? Hay que echar a andar la industria de la construcción; hay que construir muchas obras públicas, hay que construir mucha vivienda. La industria de la construcción estimula 20, 30 ramas de la economía. ¿Qué estamos planeando para el mediano y para el largo plazo? ¿Qué recurso natural tenemos? El petróleo. Vamos a modernizar el sector energético, vamos a fortalecer las plantas petroquímicas, vamos a fortalecer las refinerías. Sí es posible, sin privatizar, modernizar el sector energético... No voy a nacionalizar todo; sencillamente vamos a defender lo poco que le han dejado a nuestro país y no podemos privatizar el petróleo. No sólo por razones ideológicas sino por juicio práctico.

EL APODO DEL PEJE

Terminamos la entrevista explorando, no su proyecto de país, sino algo mucho más sencillo: su apodo.

—El apodo del Peje, ¿de dónde viene?

—Mira, en las zonas bajas de México, en Tabasco, se da esta especie que se llama pejelagarto: es pescado y lagarto, o sea, tiene el cuerpo como pescado y la cabeza del lagarto... Y bueno, yo soy de Tabasco.

—¿Le molesta que le digan Peje?

—No me gusta. Pero tampoco me molesta. Hoy me lo dijeron mucho con afecto y cariño. El apodo surgió cuando don Julio Scherer, el director del semanario *Proceso*, dijo tras un debate de los candidatos a la jefatura del gobierno de la Ciudad de México en el año 2000: «Yo creo que va a ganar el Peje». Y ahí se quedó.

La entrevista duro casi 50 minutos. Antes de partir, López Obrador pidió un vaso de agua y luego, sin prisa, se despidió de mano de la veintena de técnicos, camarógrafos, productores y arrimados que presenciaron la grabación.

Me volví a encontrar a López Obrador 14 meses después, poco antes de las elecciones presidenciales del 2 de julio de 2006. Le pregunté sí aún creía que el presidente Fox formaba parte de un plan para evitar que él llegara a la presidencia. Me dijo que sí «pero no van a poder».

Y antes de perderse en el asiento delantero de su viejo auto, alcancé a preguntarle sobre unas encuestas que sugerían que perdería las elecciones presidenciales.

—No son ciertas —me aseguró—, vamos diez puntos adelante.

El 2 de julio sería el día más largo de su vida…

SUBCOMANDANTE MARCOS

Dilemas de un guerrillero enmascarado

Selva Lacandona, Chiapas. Alguna vez el subcomandante Marcos escribió que «la paciencia es la virtud del guerrero», pero debió de haber añadido que también es una de las características de los periodistas que quieren entrevistarlo. Después de dos días de viaje, 30 horas de espera e innumerables mensajes y contraseñas, por fin me encontré en un paraje de la selva Lacandona con el líder más visible del Ejército Zapatista de Liberación Nacional (EZLN). Iba armado con su pipa, con tabaco de maple, un fusil M-16, una sonrisa rosa enrollada en el pasamontañas negro y unas ganas bárbaras de definir (y redefinir) los dilemas del zapatismo.

En los días previos a la entrevista, a finales de marzo de 1996, había escuchado mucho sobre el intento de transformar a la guerrilla zapatista en un frente político. Pero lo que me encontré es que el zapatismo aún tiene un largo y tortuoso camino por delante.

Mi plática de una hora con Marcos empezó por lo básico, pero rápidamente se hizo compleja:

—¿Cuántas personas controlan o están en su territorio?

—Entre las comunidades indígenas de Chiapas deben ser más de 100 mil hombres, mujeres, niños y ancianos. Estamos hablando de varios miles de comunidades indígenas.

—¿Usted cree que en los últimos meses los zapatistas han perdido la primera plana de los periódicos, la primera nota de los noticieros?

—Bueno, sí, evidentemente. No sólo nosotros sino [también] la problemática indígena. En un país que está sumido en la crisis en la que está México (en este caso una crisis tan aguda, que es la de la credibilidad) es muy difícil permanecer impávido frente a las cosas que se están revelando sobre la participación de grandes miembros del aparato gubernamental en los crímenes de Colosio y de Ruiz Massieu, en concreto del ex presidente Salinas de Gortari... Digamos que la noticia que era la muerte, el matar y morir, que fue en enero de 94, pasa a segundo plano, sobre todo cuando la competencia es tan grave. Estamos hablando de crímenes de Estado que son verdaderos escándalos.

—¿Cree que está ya dada la situación para que pueda haber una especie de rebelión en distintas zonas del país?

—Sí, pero sin control, sin ninguna articulación. Una especie de rencor que estalla y empieza a hacer justicia por su propia mano. Lo que cada quien considere que es justicia.

—¿Y esto es nuevo para usted? ¿Es algo que ha cambiado en los últimos meses o ya venía desde enero de 94?

—Nosotros lo empezamos a señalar en 94, y se empezó a hacer más agudo después de agosto de ese año cuando las elecciones. Y cada vez más marcadamente después de las crisis de diciembre y enero [de 95], las crisis económicas.

—¿Su pronóstico es violencia en México?

—Sí. Violencia y desorganizada. No estamos hablando de

una violencia prevista y planeada como la del Ejército Zapatista de Liberación Nacional... sino de estallamientos fuera de control, más cercanos al tumulto, al motín, que a un programa.

—Sobre los zapatistas, ¿qué son ustedes: un grupo guerrillero, un movimiento político, una organización civil? ¿Qué son? Creo que hay una duda enorme en la sociedad mexicana y a nivel internacional sobre qué son...

—Bueno, mira: nosotros somos un ejército regular, ni siquiera guerrilla. Tenemos territorio, tenemos control...

—¿Antes que nada son ejército?

—Sí.

—¿Antes que grupo político, antes que organización civil?

—Sí... Ése es el problema que tiene el EZLN para hacer política... Esto —y señala su rifle— que atrajo la atención de la gente es también el límite para poder organizarla. Porque es gente que está de acuerdo con las causas de nuestro alzamiento, pero no está de acuerdo con el uso de las armas. Entonces ¿cómo se va a organizar con nosotros si estamos armados, si estamos clandestinos?

—Ustedes se han definido mucho por lo que están en contra. Últimamente, por estar en contra del movimiento neoliberal. Pero... ¿quieren un socialismo, quieren un socialismo democrático? ¿Por dónde van ideológicamente? ¿Son de izquierda? ¿Votarían por el PRD [Partido de la Revolución Democrática]? Yo creo que hay una indefinición...

—El problema es que nos quieren llevar al terreno de las posiciones. Aquí hay derecha, centro, izquierda.

—¿Pero qué son? En verdad, ¿qué son?

—Nosotros, lo que decimos es que vamos un paso adelante. En el mundo de los zapatistas cabe la izquierda, cabe el centro y cabe la derecha.

extreme

—No me digas que cabe la derecha. Los neoliberales, un panista, ¿puede estar con ustedes?

—Claro. Caben en el mundo de los zapatistas.

—Pero no con los zapatistas.

—No, no con los zapatistas. Lo que los zapatistas quieren es un espacio donde la derecha, el centro y la izquierda, el PAN [Partido Acción Nacional], el PRI [Partido Revolucionario Institucional], el PRD o la ultraizquierda tengan formas de confrontarse racionales o razonables, que no usen el recurso de la fuerza ni el recurso del dinero...

—Porque jamás escucharíamos a un zapatista promover la apertura de mercados, las privatizaciones...

—Lo que van a decir los zapatistas es que esa propuesta de apertura de mercados y privatizaciones debe confrontarse con la mayoría de la sociedad. Y si la mayoría de la sociedad está de acuerdo, tiene que haber privatizaciones y apertura de mercado. Cualquiera que sea la decisión. Si los zapatistas o cualquiera dicen: deben expropiarse los medios de producción como en el sistema comunista clásico, o deben cerrarse los mercados y hacerse un proteccionismo nacional (lo que es el populismo), esa medida tampoco puede ser tomada por el aparato gubernamental si no es consensada con la sociedad. Y ése es el mecanismo por el que los zapatistas luchan. Después de eso, ya no hay zapatismo.

—¿El PRD es una alternativa para usted? Si usted votara, ¿votaría por el PRD?

—Ni por el PRD, ni por el PRI, ni por el PAN, ni por el Partido del Trabajo. En la medida en que sus relaciones políticas, a nivel electoral, no son equitativas.

—¿No creen en nadie dentro del sistema político?

—No creemos en el sistema político mexicano y contra él es que combatimos.

—Entonces, si no cree en estos partidos políticos, ¿qué opciones me da usted? ¿Por dónde debo buscar? ¿Qué hay que hacer?

—Debemos hacer una gran mesa donde los diferentes pensamientos se confronten para que pueda salir una reforma política (también electoral, pero no sólo electoral) que garantice que usted como ciudadano pueda optar por una de las corrientes ideológicas o políticas que haya, sin temor de su vida, de su bien o de su libertad. Que su voto, si es mayoritario, sea respetado. Y tres, que las relaciones entre esos partidos políticos sean equitativas. Que no sea, como reconoció Zedillo en Europa, que sí hubo gasto inequitativo (o sea, que su partido, para llevarlo a la presidencia, gastó más dinero que el resto). Y eso no es equitativo. ¿Por qué? Porque la propaganda y todo el aparato gubernamental se pusieron al servicio de un partido. O los apoya a todos o se tiene que declarar neutral efectivamente en ese proceso.

—¿Sigue justificando la violencia para alcanzar sus fines?

—Nosotros señalamos que el movimiento zapatista es *sui generis* en el sentido de que es una guerra para hacerse escuchar. Es una guerra que no plantea la destrucción, el aniquilamiento del enemigo y su sustitución por nosotros…

—Ustedes pretendían derrocar a Salinas de Gortari y no lo derrocaron. ¿Ahora pretenden derrocar a Zedillo?

—Nosotros nos alzamos en armas precisamente exigiendo democracia, y señalamos que el objetivo, en ese entonces, era el presidente Salinas.

—¿Ahora es Zedillo?

—Nosotros lo concretamos ya más en el sistema de partido de Estado. El problema no es si Ernesto Zedillo es presidente, porque lo pueden quitar y poner a otro… O sea, no es un problema contra un individuo sino contra un sistema político.

—¿Es [Zedillo] un presidente legítimo?

—No, es producto de unas elecciones ilegítimas organizadas por un presidente ilegítimo, como Salinas. No es legítimo. Y la prueba de que no es legítimo ya no es que lo digamos nosotros. Es que esos 17 millones que dicen que votaron por él no resistirían un referéndum ahorita.

—¿Usted quisiera reunirse con el presidente Zedillo? ¿Le interesaría?

—No. No me interesaría. No tenemos nada de qué hablar. Bueno, le puedo dar algunos consejos de economía…

—¿No lo respeta como economista? Estudió en Yale…

—Pero de economía no sabe nada y de política tampoco. Y no porque lo diga yo, sino que la misma realidad es la que lo está sancionando.

—¿Usted quisiera convertirse en líder de los mexicanos? ¿Cómo puede ser su líder… estando en la selva, desconectado de su realidad?

—Por lo que lucha Marcos es porque la mayoría del país tenga quien lo represente… pero además, que a ése que los represente, si empieza a fallar o no cumple, lo puedan quitar y puedan poner a otro. Aunque se llame Marcos o se llame Ernesto Zedillo. O sea, que el gobierno o el líder tenga que estar continuamente contrastando su actividad con la gente que lo nombró o que lo eligió.

—¿No es muy pretencioso de los zapatistas y de Marcos decir, como usted mencionó: «la autoridad moral está de nuestro lado»? Quizá la gente resiente que ustedes quieran asumir un protagonismo que nadie les ha dado.

—Yo lo entiendo y es que así se ha manejado. Pero el EZLN en su discurso siempre ha insistido en que no quiere hablar por otros.

—¿Se les ha malentendido?

—Sí, evidentemente el manejo de los medios ha querido voltear eso. Sobre todo los que están cerca de las posiciones gubernamentales...

—¿Pero qué significa eso de que no quieren alcanzar el poder?

—Nosotros no queremos engañarnos y repetir el error histórico de que es posible sostener un modelo económico, social, político, con la fuerza de las armas. ¿Cuál es el horizonte histórico que esto permite? En Europa del Este, en la Unión Soviética, en China... cualquier modelo económico que se sostiene sólo sobre las armas tiene un horizonte, y el costo social después es muy caro.

—¿El objetivo de toda organización política no es el poder?

—Sí, es el poder, pero no la toma del poder... ésa sería la idea de la política del Ejército Zapatista de Liberación Nacional, transformado en Frente Zapatista de Liberación Nacional. Organizar a la sociedad para que exija que los gobernantes cumplan, no para suplirlos.

—¿Nunca habrá un Marcos presidente de México?

—No. Dios nos libre, Dios libre a México, Dios libre a Marcos de ese problema.

DE DIOS Y OTRAS BRONCAS DE LA FE

Aunque mencionó a Dios varias veces durante la conversación, Marcos no quiso definirse respecto a él (o ella).

—No podemos definirnos en una religión u otra porque entonces se usa como propaganda —dijo.

—¿Pero cree en Dios?

—Nosotros no podemos decir que sí creemos en Dios, pero tampoco que no creemos en Dios.

—Los critican por indefinidos. ¿Por qué no definirse?

—El problema es que éste es un movimiento político. Y en el caso de Marcos, sus palabras o sus posiciones tienen efectos, a favor o en contra, que no tienen que ver con el zapatismo.

—Si usted dijera que no cree en Dios, ¿habría miles o quizá millones de personas que dejarían de creer en usted o en el movimiento?

—No, no creo. Pero habría gente que podría usar eso para decir: «Ya ven, sí está de nuestro lado». Sobre todo en lo que se conoce como el ateísmo científico. No me preocupan los que se pongan en contra, que ya tenemos a bastantes. Lo que me preocupa es los que puedan usar esa palabra del zapatismo para ponerlo como que está de su lado. Y si digo que creo en Dios, entonces dirían: «Ya ven, es un ejército que está al servicio de la Iglesia, es un ejército de Dios». Si de por sí ya hay problemas por la actitud mesiánica de Marcos, ahora imagínate un ejército de Dios, que se siente iluminado por Dios, que se siente autorizado a matar por mandato divino. Eso sería el colmo.

DE INTERNET Y LAS DROGAS

En temas mucho más terrenales, Marcos se maneja con soltura. Habló, y mucho, de cómo los zapatistas están usando Internet (esa red internacional de computadoras con 60 millones de usuarios) para comunicar su mensaje contra el actual sistema político.

—Las revoluciones del siglo XXI son las revoluciones de la palabra —dijo, para después explicar que los mismos medios que utiliza el poder pueden ser usados en su contra.

Y según él, el dinero producto de las solicitudes de ayuda económica que aparecen en Internet no es para los guerrilleros o para comprar armas, sino para las comunidades indígenas y los grupos de apoyo.

También me explicó, sin reservas, cómo el narcotráfico trató de infiltrar su movimiento rebelde.

—Algunos grupos narcotraficantes nos ofrecieron en 1992, 1993, armas a cambio de tránsito —soltó al aire el subcomandante, como si todo el mundo lo supiera—. [Pero] nosotros los rechazamos.

Los traficantes de drogas, según la versión de Marcos, trataron de llegar a un acuerdo con los rebeldes. Y cuando los zapatistas rechazaron el acuerdo, los *narcos* (recordó el subcomandante) les hicieron la siguiente advertencia: «Acéptenlo, porque si no nos arreglamos con ustedes, nos vamos a arreglar con el ejército federal».

—¿Y usted cree que eso ocurrió?

—Sí. Seguramente sí. Aquí cuando estuvo controlado en 1994 por el EZLN no había avioneta que bajara, de ningún tipo. Todas las avionetas eran prohibidas o eran revisadas. En el momento en que el ejército federal entra al territorio y vuelve a tomar el control, empiezan los vuelos nocturnos de avionetas…

—¿Cuál es la principal amenaza contra México en estos momentos? ¿Es efectivamente el narcotráfico?

—No. Es el sistema de partido de Estado. Una de sus acciones es el haberse imbricado con el narcotráfico. Y nosotros decimos que incluso ya pudiera estar permeando a otros partidos políticos para asegurar su estadía en el poder, independientemente del partido político que llegue.

O sea, que el narcotráfico no sólo se preocupe de permear al aparato gubernamental o al PRI, sino que también pueda intentar permear al Partido Acción Nacional, al Partido de la Revolución Democrática y al Partido del Trabajo, en el sentido de que no tiene por qué preocuparse de quién gane las elecciones.

DE LA MÁSCARA Y LO QUE HAY DETRÁS

Todavía falta mucho por saber sobre el proceso a través del cual este sofisticado citadino encapuchado se convirtió en símbolo y líder de una rebelión indígena.

—La gente cuando no puede hablar, agarra un arma —me dijo a manera de explicación. Pero eso no evaporó los contrastes que aún persisten entre él y sus seguidores. Las pequeñas manos de Marcos son muy distintas de las de los campesinos que me ayudaron a llegar a él. Las de ellos están gastadas, llenas de callos y de tiempo; las de él son casi blancas, delgadas, con uñas cortas sin rastros de mugre. Sólo las orejas y el enorme agujero en la bota derecha —a la altura del juanete— reflejan el desgaste físico de Marcos en la montaña.

A Marcos le gusta hablar de sí mismo en tercera persona, como si fuera otro. Pero a pesar de esa defensa gramatical, cuando traté de meterme en cosas personales, sólo pude pescar frases cortas; es dueño de una *laptop* modelo *notebook*, escucha dos estaciones de radio de onda corta, come una vez al día, no duerme de noche, tiene miedo de que lo maten y nunca dice si le ha quitado la vida a alguien («de eso no habla uno»). En esos días, Marcos leía una novela policiaca del español Vázquez Montalbán y buscaba inspiración en el *Macbeth* de Shakespeare para escribir la historia del lanzamiento zapatista. (Tras la ofensiva militar de febrero de 1995, y ante la posibilidad de que el gobierno lo fuera a matar, sus compañeros convencieron a Marcos de que escribiera sobre cómo se ha vivido, desde dentro, la rebelión armada.)

Por supuesto le pregunté sobre su identidad y me topé con la fórmula de cajón:

—No soy Rafael Guillén... La de Rafael Guillén es una mentira de las tantas.

Sólo reconoció que hace 15 años no ve a su familia y que eran seis hermanos, no ocho como asegura el gobierno. Cuando le mostré la fotografía de Rafael Sebastián Guillén que ha distribuido el gobierno, Marcos mostró su incomodidad ajustándose constantemente la máscara, como si le picara la nariz o tuviera catarro. Pero el tema era inevitable.

—Algunos ven en el pasamontañas, por supuesto, heroísmo; pero ¿usted entiende que [otros] lo ven también como un caso de oportunismo o incluso de cobardía?

—Sí, hay mucha gente que me escribe para decirme que no doy la cara por cobarde.

—¿Y no tienen derecho a preguntárselo?

—Sí, tienen derecho a reclamarlo. Sobre todo por el referente. Tú no eres héroe de nada, dicen, porque los héroes mexicanos siempre han dado la cara, han tenido rostro...

—¿Pero por qué no se quita ya la máscara, por qué no se la quita ahora, aquí mismo?

—Porque se ha constituido, independientemente de nosotros, en un símbolo. En la posibilidad de que los seres que hasta ahora estaban sin nombre, sin rostro, gente que no es importante, el común, puedan tomar una actitud decidida frente a la vida y frente al medio en el que están.

—¿Y hasta cuándo se va a quitar la máscara?

—Cuando podamos transformarnos en una fuerza política civil y pacífica, tanto las armas como los pasamontañas van a tener que desaparecer.

DE LA SELVA Y EL FUTURO

La entrevista terminó de la misma forma en que comenzó: con Marcos haciendo las preguntas. El subcomandante quería saber de las nuevas tensiones entre Cuba y Estados Unidos, y de las acusaciones de narcotráfico contra el presidente de Colombia, Ernesto Samper. Y para mi sorpresa, sólo estaba dos o tres días atrasado en la información. Le mostré también una revista en inglés sobre el surgimiento de una pequeña —pero próspera— clase capitalista en China, y de inmediato se cuestionó si China realmente acabará pareciéndose a Hong Kong, tras la entrega inglesa del territorio, que ocurrió a mediados de 1997.

A pesar de que Marcos está bien informado del acontecer internacional, su realidad diaria —abrumadora— sigue siendo la selva Lacandona. La selva, señaló, «te empieza a hacer una cabeza muy cuadrada. Pierdes el contacto con la realidad. La realidad que vives se convierte en la verdad. Y es donde te vuelves intolerante».

Por ahora, Marcos y los zapatistas están luchando no sólo contra la rigidez intelectual que provoca la selva, sino también

86

contra la pérdida de interés que su causa ha tenido en la opinión pública. Al respecto, Marcos me recalcó que «la historia no ha terminado» y que 24 meses son muy pocos para calificar de fracaso su intento revolucionario de democratizar a México.

Marcos creía que el movimiento zapatista tenía que definirse antes de las elecciones legislativas de 1997, si quería mantener su influencia y trascendencia en México. Ésa era sólo una de las encrucijadas que el zapatismo estaba obligado a resolver. Por el momento, al menos, una de las armas que tienen en su favor es la autocrítica.

—Tenemos mucho miedo de acabar en lo mismo que criticamos —comentó Marcos, casi al final.

Y en esa búsqueda de definición están ahora enredados los zapatistas. No pueden perder más tiempo; se definen o desaparecen del mapa político. También en la selva la paciencia tiene sus límites. Y Marcos lo sabe.

Antes de perderse de nuevo entre los maizales y cafetales que parchan la selva Lacandona. Marcos me explicó el origen de su nombre de guerra; no es nada nuevo, pero distinto escucharlo de su boca.

—Marcos es el nombre de un compañero que murió, y nosotros siempre tomábamos los nombres de los que morían, en esta idea de que uno no se muere sino que sigue en la lucha —me dijo, medio pensativo pero sin mostrar cansancio.

—¿O sea que hay Marcos para rato?

—Sí, aunque me muera yo, otro agarrará el nombre de Marcos y seguirá, seguirá luchando.

Fidel Castro

Minientrevista con guardaespaldas

Guadalajara, México. Entrevistar a Fidel Castro es como el premio mayor de la lotería periodística. Es el único dictador que queda en el hemisferio y uno de los líderes menos accesibles de toda Latinoamérica. La mayoría de las pocas entrevistas que ha concedido a corresponsales internacionales dan la impresión de estar arregladas: con preguntas flojas o con periodistas temerosos. Me cuesta trabajo recordar una sola entrevista con Castro que haya sido dura y que valga la pena. Esto, desde luego, habla mucho sobre el proceso de selección de los asesores de Castro. Siempre quieren asegurarse de que quien entreviste a Castro le haga preguntas que no lo comprometan.

Por eso, cuando se organizó la primera reunión Cumbre Iberoamericana en Guadalajara, en julio de 1991, y me encontré a Castro caminando por el hotel Camino Real, no podía desaprovechar la oportunidad. Era como cazar dentro de una jaula.

Vi venir a Castro, rodeado de un grupo de guardaespaldas, por unos de los pasillos; en ese momento le dije al camarógrafo Iván Manzano que no dejara de rodar y me lancé con mis preguntas.

Sabía que iba a tener muy poco tiempo, así que, después de una brevísima presentación, comencé:

—Comandante, hablamos con el presidente de Argentina [Carlos Menem] y él dijo que el marxismo es una pieza de museo...

Fidel se me queda viendo directo a los ojos, se acerca y me pone su brazo izquierdo en la espalda, rodeándome, con su mano tocando mi hombro izquierdo.

—Yo te diré que, en mi opinión, es demasiado nuevo para ser pieza de museo, mientras que el capitalismo tiene tres mil años.

Tan pronto siento su brazo sobre la espalda, me muevo y me aparto.

Él se da cuenta y baja el brazo. Sus guardaespaldas se me empiezan a acercar tanto que casi los toco. Mientras lo escucho, preparo mi siguiente pregunta, intentando no caerme.

Al mismo tiempo pienso dos cosas: primero, que yo no puedo hacer una entrevista seria con alguien que, por la razón que sea, me quiere abrazar; y segundo, que si yo dejo que Fidel me ponga el brazo sobre la espalda, el exilio cubano en Miami nunca me lo va a perdonar. Pienso, también, que Fidel sabe esto y que por eso precisamente lo hace.

Yo sé que parece muy improbable que uno piense tantas cosas en tan poco tiempo. Pero así fue. Es un fenómeno parecido al que dicen experimentar los agonizantes, viendo pasar su vida en un *flash,* antes de morir. Para mí, dejarme abrazar por Castro también hubiera significado mi muerte; mi muerte como periodista.

—Y las piezas que tienen tres mil años ésas sí son de museo.

—Pero todo indica que el mundo camina hacia otro lugar, comandante.

—Yo respeto la opinión... Nadie sabe hacia dónde marcha el mundo en este instante.

—Claro que sí, comandante. Después de la caída del muro de Berlín hay una serie de cambios...

—Bueno, hay cambios. Hay unos, por ejemplo, grandes también. Por ejemplo, el muro que está entre México y Estados Unidos para impedir que crucen los pobladores —en ese momento intenta poner el brazo de nuevo sobre mi hombro. Me alejo—. Es un ejemplo. Hay muchos muros en el mundo. Y ahora tienen una gran preocupación de que se produzcan movimientos migratorios grandes. A lo mejor construyen un muro desde el Báltico hasta el Mediterráneo.

—Pero estamos hablando ideológicamente, comandante. Muchos creen que éste es el momento para que usted pida un plebiscito.

«Plebiscito» parece ser la palabra clave. Entonces un guardaespaldas mete su codo en mi estómago y se interpone entre Fidel y yo.

—Respeto la opinión de esos señores, pero realmente no tienen ningún derecho a reclamarle ningún plebiscito a Cuba.

En ese momento el guardaespaldas me desplaza y caigo al césped. Castro no dice nada y ni siquiera voltea a ver. El micrófono también cae...

La minientrevista con Fidel duró un minuto y tres segundos. La cámara nunca dejó de rodar. Desde entonces, en varias ocasiones he solicitado, sin ningún éxito, una entrevista más

formal, sentados y sin que Castro intente ponerme el brazo en
la espalda.

ENTRE LA ESPERANZA Y EL MIEDO:
LA CUBA QUE VIO EL PAPA

La Habana, Cuba. En mi primera noche en La Habana llovió.
Quedé empapado por un chubasco que me tomó por sorpresa
mientras caminaba hacia el malecón. Y la empapada refleja
bien cómo me sentí a mi llegada a Cuba ese 15 de enero de
1998. Después de vivir tantos años en Miami, donde se pinta a
Fidel Castro como un monstruo, es difícil quitarse de encima
tantos prejuicios sobre la isla que gobierna desde hace cuatro
décadas.

Quizá, como reflejo de eso, me puse a buscar micrófonos es-
condidos tan pronto como llegué a mi cuarto de hotel, y a mirar sobre mi hombro al salir a descubrir la ciudad para ver si alguien me perseguía.

Para aumentar mi paranoia, tampoco ayudó que me cambiaran el tipo de auto que había reservado. En lugar del sedán económico que quería rentar, nos dieron por el mismo precio un
Mercedes Benz negro. «Para que esté más cómodo, señor Ramos», me dijeron. Claro, las dos antenas extra que llevaba, además de la del radio, eran gratis. Tal vez eso explique el pánico de
nuestro chofer cada vez que mi camarógrafo Raúl Hernández
preguntaba algo sobre Fidel. Se ponía el índice de la mano derecha sobre los labios, hacía un sonido como de gato, y siempre,
siempre, se quedaba callado.

Mi primera impresión de La Habana fue como estar dentro

92

de una película vieja, una película en blanco y negro. Hay zonas en las que parece que todo se detuvo hace 40 o 50 años. Una amiga decía que La Habana es como una mujer muy bella, que ha envejecido, pero cuyas arrugas no pueden ocultar su belleza intrínseca.

La Habana es una ciudad de pocas luces. Caminar por ella de noche es sentirse anónimo, protegido por las sombras; es inevitable tener la sensación de estar solo.

No me sentí amenazado; la Ciudad de México, Nueva York, Río de Janeiro y Hong Kong son mucho más inseguras. Aparentemente, éste es uno de los pocos lugares que quedan en el mundo donde los criminales le tienen más miedo a la policía y no viceversa.

Por otra parte, La Habana me pareció una de las ciudades más sensuales que he conocido. La gente se toca mucho, se ve directo a los ojos sin sentirse agredido, revisan los cuerpos de los que van y de los que vienen.

Pero mi primera noche en La Habana la terminé a solas sentado en los escalones de una panadería, que hacía varias horas había cerrado, mientras esperaba que la lluvia amainara. Durante toda la noche nunca dejó de llover.

Llegué mojado de pies a cabeza a mi cuarto, con Cuba ahogando mis poros.

LA FIEBRE POR EL DÓLAR

Por la mañana capté en pocos minutos la principal diferencia entre los cubanos y quienes visitan la isla: los dólares. En la entrada del hotel Habana Libre, donde me estaba quedando para cubrir

DETRÁS DE LA MÁSCARA

la visita del papa Juan Pablo II, paraban constantemente a los cubanos que trataban de entrar. Sin embargo, cerca de la medianoche, vi a varias parejas —hombre extranjero, mujer cubana; él viejo, ella joven— subir a las habitaciones del hotel sin ninguna restricción. Lección número uno: las *jineteras* (así les llaman aquí), con dólares, entran a cualquier lugar. Los cubanos, sin dólares, no llegan a ningún lado.

Éste es el primer lugar que he visto en el mundo donde las prostitutas son tratadas como novias a quienes hay que enamorar antes. Era frecuente verlas en cafeterías y restaurantes con sus amantes de turno, y se repetían las historias de jóvenes cubanas, casi niñas, que estaban dispuestas a tener relaciones sexuales por una Coca-Cola, una cena con bistec, un desayuno en la cama, o incluso —lo escuché— por una muñeca *Barbie*.

Las *jineteras* cubanas no imponen sus precios; aceptan lo que les den los extranjeros. Dentro del negocio de la prostitución, las *jineteras* cubanas están entre las más explotadas del mundo. Estas *jineteras* del dólar se acuestan con quien sea para sobrevivir la noche y para sacar adelante a sus familias que, enterrando el orgullo, se hacen de la vista gorda. Cuba ha pasado de la revolución al revolcón.

La *fula*, (el dólar,) domina en Cuba. Es irónico que un país que considera a los Estados Unidos como su enemigo establezca su moneda, el dólar, como punto de referencia en su economía. Será por el turismo o por las remesas, cuyos montos anuales se miden en cientos de millones de dólares al año. En la práctica se habla en dólares, no en pesos. En ningún momento tuve que cambiar mis dólares por pesos cubanos. No era necesario; además, nadie hubiera querido pesos cubanos; la paridad del dólar con el peso cubano es una paja mental. Uno a uno dice la pro-

94

paganda oficial. En realidad se necesitan 23 pesos cubanos para conseguir un dólar.

EL ESPEJISMO DEL ANHELADO PREMIO

En los primeros días, tras mi llegada, casi no pude dormir. Tenía sólo 12 días para conocer la isla y me sentía ansioso. El Papa estaba a punto de arribar y el país esperaba el choque entre un líder fieramente anticomunista, como Juan Pablo II, y el último dictador socialista del continente, Fidel Castro. ¿Sería Cuba la misma después de la visita del Papa? ¿Perdería la gente el miedo durante las misas? ¿Estábamos a punto de ser testigos del final de la revolución?

Todo eso se discutía en los lentísimos elevadores del hotel Habana Libre, donde se había concentrado la mayoría de los tres mil periodistas que cubrirían a partir del miércoles 21 de enero la visita papal. Muchos llegamos con varios días de anticipación. Pero los periodistas no sabemos esperar con paciencia, y ante la falta de noticias, sobraban los rumores.

Y un rumor nos empapó a todos. «Dicen que Fidel está por llegar al hotel», me informaron con la seguridad del que ha visto el futuro en una bola de cristal.

Los elevadores se llenaron tanto que algunos se atascaron. Otros prefirieron bajar 20 o 25 pisos por las escaleras… y creo que nadie se tiró por la ventana.

Ahí, a las afueras del *lobby,* estaban Ted Koppel y Peter Jennings (de la cadena ABC), Dan Rather (de CBS), Christiane Amanpour (de CNN) y 200 periodistas más cuyas caras —y contratos— son menos conocidos. Pero después de esperar casi una hora, nos dimos cuenta de que todo fue una tomadura de pelo. Otra.

El incidente no pasó a mayores ni se reportó en la prensa. Pero sí describe perfectamente cómo hasta los periodistas más reconocidos del mundo dejan cualquier cosa ante la posibilidad de soltarle un par de preguntas al «Comandante». No conozco ningún otro personaje que tenga un efecto parecido. Claro, hay muy pocos gobernantes que se puedan aferrar exitosamente al poder por casi cuatro décadas. En esa resistencia radica el atractivo periodístico de Fidel. Papas van, papas vienen, pero Fidel sigue en el poder.

De hecho, desde el punto de vista periodístico, Fidel sigue siendo el premio mayor. Y los funcionarios del gobierno lo saben. Por eso, quienes quieren una entrevista exclusiva con el mandatario cubano tienen que pasar una larga y tediosa temporada de comidas y encuentros con funcionarios, a todos los niveles, cuya tarea es asegurarse de que el periodista no le vaya a hacer preguntas impertinentes a Fidel. Pocos consiguen la entrevista, pero las que he visto han sido tan flojas y miedosas —con muy pocas y notables excepciones— que dudo mucho del profesionalismo de los elegidos para realizarlas.

Antes de la visita del Papa a Cuba se especulaba mucho sobre la posibilidad de que Juan Pablo II resquebrajara —con su presencia y discursos— el régimen de Fidel Castro. Pero no hubo milagros. El Papa se fue y Fidel se quedó, quizá aún más fortalecido por un manto de legitimidad que, según interpretó el gobierno cubano, le otorgó la visita de Karol Wojtyla.

De hecho, lo más irónico de todo es que mientras se discutía en Estados Unidos la potencial caída de Castro por la visita papal, quien realmente estaba en peligro era el presidente Bill

Clinton. Las acusaciones de que Clinton tuvo relaciones sexuales con una joven de 23 años, y que luego la presionó para que mintiera, pusieron al presidente estadounidense en la cuerda floja, mientras Castro observaba desde la barrera.

Pero esto no es nuevo. Castro ya ha visto pasar ocho presidentes por la Casa Blanca y tres papas. ¿Cómo lo hace? Me parece que es una combinación de lealtad y miedo.

En Cuba, en ciertos sectores muy específicos, encontré más apoyo a Fidel Castro del que imaginaba y del que suponen los exiliados cubanos en Miami. Cuba está lejos de ser la caricatura de un dictador contra 11 millones de habitantes.

El apoyo a Fidel lo constaté claramente en mis conversaciones con estudiantes de la Universidad de La Habana, con jóvenes funcionarios del gobierno y con gente con quien platiqué mientras recorrí la isla. Algunos hablaban efusivamente de Castro y, a veces, con genuina admiración. Escuché muchas defensas del régimen, con las típicas menciones al sistema educativo y de salud en la isla, que es gratuito y que funciona relativamente bien... cuando hay libros y medicinas. Irónicamente, durante mi visita a Cuba encontré una enorme escasez de antibióticos y las bibliotecas llevaban meses, si no años, sin recibir un solo libro nuevo.

Al mismo tiempo, encontré niveles de represión sumamente altos. Ni en China, Sudáfrica, los países árabes o la Unión Soviética (antes de desmoronarse) noté tanto miedo como en Cuba. Los «segurosos», como les llaman a los agentes de seguridad del Estado, parecen estar por todos lados. Aunque vistan de civil, nunca pasan inadvertidos.

Era fácil identificarlos; casi todos habían dejado el sellito con las letras UV —que indica protección contra los rayos ultravioleta— en sus recién estrenados lentes oscuros. ¿Sería una contraseña o sólo un símbolo de estatus? No lo sé, pero esos sellitos se veían realmente ridículos.

Entiendo ahora perfectamente por qué durante las misas del Papa no hubo protestas o manifestaciones en contra del régimen; en Santa Clara, Camagüey, Santiago y La Habana fui testigo de cómo cientos de *segurosos* estaban mezclados con la multitud que asistió a ver a Juan Pablo II. Cualquiera que hubiera criticado públicamente a Castro o al régimen hubiera sido arrestado, rápidamente, sin que casi nadie se diera cuenta. De hecho, eso fue lo que le ocurrió a una joven, durante la misa en La Habana, que sacó una pancarta que decía: «Abajo con la dictadura de los hermanos Castro». Su valiente protesta y la subsecuente detención ocurrió frente a un camarógrafo puertorriqueño, quien después distribuyó las imágenes a todo el mundo.

Pero aún más preocupante que la constante presencia de la policía y de los agentes de seguridad en cualquier acto público, es el temor que detecté en la gente cuando le preguntaba sobre Fidel. Las respuestas típicas eran el silencio (¡Shhhh!) o decir, con ambigüedad: «Todo, todo lo que tenemos se lo debemos a Fidel», seguido de una mueca cargada de ironía. Eran frecuentes las risas nerviosas cuando se tocaban temas políticos y los gestos simulando una barba cuando los cubanos que entrevisté se referían a «él». Muchas veces me pararon en las calles para decirme que ojalá las cosas cambiaran en Cuba, pero cuando acercaba una cámara de televisión o una grabadora, las palabras se esfumaban y los ojos vidriosos del entrevistado comunicaban una tremenda angustia y terror. Nadie me lo contó. Yo lo vi.

El control represivo del régimen castrista sobre sus ciudadanos se halla tan extendido que no es necesario que haya policías o agentes de la seguridad para evitar que la gente hable. Los cubanos han interiorizado el miedo; cada cubano tiene su propio policía metido en la cabeza. Todos sospechan de todos y lo único seguro es no hablar. Cuba es una isla cargada de miedo.

Ese temor interiorizado se refuerza, además, a través de los mensajes de los medios de comunicación estatal. La radio y la televisión en Cuba únicamente reproducen el punto de vista oficial. Los locutores y «periodistas» están obligados a ser miembros del Partido Comunista para poder trabajar. En los medios de comunicación en Cuba no existe la oposición. Punto.

La intolerancia del gobierno cubano hacia la oposición política llega a los extremos. Durante mi visita a Cuba entrevisté a media docena de disidentes políticos y periodistas independientes. La historia de todos ellos era, de alguna manera, una sola: arrestos, amenazas, pérdida de empleo, golpizas, torturas, encarcelamientos, visitas sorpresivas a medianoche, advertencias a sus familias... Y todo por pedir cosas que son básicas en cualquier otro país del hemisferio: elecciones multipartidistas, prensa libre, libertad de reunión y de expresión.

Algunos disidentes me aseguraron que si hubiera una elección libre o un plebiscito con observadores internacionales en Cuba, Fidel Castro no tendría ninguna posibilidad de ganar. Eso, me temo, nunca lo sabremos.

Un importante funcionario del gobierno cubano, molesto por mis reportajes sobre los disidentes y periodistas independientes, me fue a visitar al hotel, muy formal, para recordarme que en un futuro podría tener problemas para conseguir otra visa de entrada a Cuba. La advertencia fue directa y el mensaje clarísimo: si sigues hablando de opositores al sistema te quedas sin visa.

Luego, me aseguró que los disidentes en Cuba eran sólo «0.02 por ciento de la población», y que, por lo tanto, no se justificaba que ningún medio de comunicación hablara de ellos. No sé de donde sacó sus cifras. Yo seguí haciendo mi trabajo y cubriendo Cuba como lo hubiera hecho en cualquier otra dictadura.

Tras mis conversaciones con varios disidentes, pude constatar, una y otra vez, que expresarse libremente en Cuba significa enfrentarse a una vida en la cárcel o fuera del país, incluso para los corresponsales extranjeros. Los periodistas que se atreven a mencionar frecuentemente las violaciones a los derechos humanos en Cuba corren el peligro de ser expulsados. El gobierno cubano tiene formas muy burdas de censura; sencillamente no deja entrar al país a periodistas que considera demasiado críticos al sistema.

Ciertamente después de vivir en Miami, arrastré a Cuba —estoy seguro— mis referencias culturales. Pero también me di cuenta de la enorme distancia que hay entre el exilio cubano y los cubanos de la isla.

Si el exilio cubano quiere influir en una transición pacífica hacia la democracia en Cuba, va a tener que hacer un esfuerzo, aún mayor, por saber cuáles son las verdaderas preocupaciones de los cubanos que no emigraron. En Miami falta comprender que los cubanos de la isla, tan atareados en sobrevivir día a día —el salario promedio mensual es inferior a los 20 dólares— tienen poco tiempo y ganas de meterse en cuestiones políticas, y mucho miedo de hacerlo.

Resolver es un verbo que los cubanos conjugan de manera extraordinaria en todos sus tiempos. Resolver es ganarse la vida, como sea, inventando, maquinando, yendo un paso delante de los demás. Y la mayoría de los cubanos se pasan su día resolviendo, no hablando de política ni planeando la caída de Fidel. Sinceramente no vi ninguna señal indiscutible de que el pueblo cubano esté listo para rebelarse contra el régimen. El miedo es rey en Cuba.

CUANDO FALTA LA LIBERTAD

Déjenme contarles una anécdota, simple, casi inocente, pero que refleja el temor a la autoridad que domina a muchos cubanos. Después de la misa del Papa en Camagüey, el viernes 23 de enero, partí junto con un equipo de producción de Univisión por la carretera central hacia Santiago. El camino de sólo dos carriles era pésimo; lleno de hoyos capaces de sacar del camino al tráiler más robusto. Bueno, el caso es que nos topamos con una caravana de autobuses del gobierno y las instrucciones que llevaban los policías que la custodiaban eran que nadie, absolutamente nadie, la podía rebasar. Estuvimos siguiendo el convoy a 30 kilómetros por hora por un rato, hasta que todos los vehículos se detuvieron. Ahí comenzó la pesadilla.

El problema era que uno de los autobuses se había descompuesto y había que esperar una grúa y un autobús de repuesto para que la caravana continuara su recorrido. Ante la inminente espera, tratamos de convencer a uno de los policías que custodiaban la caravana de que nos dejara pasar, pero fue imposible. Luego, presionados por el tiempo, quisimos utilizar el camino de terracería, paralelo a la carretera, para rebasar la caravana y el autobús descompuesto. Al tratar de hacerlo, se nos pararon frente a nuestro auto cinco agentes de la seguridad del Estado, armados y vestidos de civil, y nos impidieron el paso. Al igual que nosotros, cientos de vehículos tuvieron que esperar casi dos horas, en ambos lados de la carretera a que llegara la grúa y el autobús de repuesto.

Salvo nosotros, nadie se atrevió a cuestionar a los oficiales a cargo de la caravana, a pesar de que su acción fue totalmente irracional y prepotente. «Bienvenido a Cuba», me dijo Rafael Tejero, el productor de Univisión que me acompañó durante casi todo el viaje.

Esta anécdota muestra, de alguna manera, lo que los cubanos tienen que enfrentar todos los días; un sistema policiaco y burocrático que parece entorpecer cualquier iniciativa.

No, el Papa no hizo milagros en Cuba. Pero su presencia nos permitió a muchos ver, de primera mano, una partecita de la realidad que aprisiona a todos los cubanos.

«DEMOCRACIA» A LA CUBANA

Cuba es un país de eslóganes. En cada barda, en cada entrada de edificios, en cada escuela y centros de trabajo encontré mensajes que tienen por objetivo reforzar la posición del gobierno sobre los temas más disímiles. Pero es inevitable darse cuenta del espíritu guerrerista de muchos de ellos y de lo banal que resultan en una sociedad más preocupada por resolver sus problemas económicos. Éstos son algunos:

Ser eficientes es vencer.
Socialismo o muerte.
Cuba, la tierra de la salud.

Aquí no queremos amos. *Here, we don't want Masters*

En cada barrio, revolución. *Every each neighb. — changes*

Pioneros por el comunismo, seremos como el *Che*.

Creemos en el socialismo. *We believe in socialism*

Tenemos que desarrollar un partido de acero. *to become party of steel*

Creemos en Fidel.

Listos para vencer. *Ready to overcome*

El socialismo es la ciencia del ejemplo.

Aquí libres y sin amo. *Here free & without a master*

200 millones de niños en el mundo duermen en las calles...

    ninguno es cubano.

Señores imperialistas: no les tenemos absolutamente ningún

    miedo. *fear*

Por la vida, no al bloqueo. *to blockade. Yes to our lifestyle*

La vigilancia es cuestión de constancia.

No quiero la libertad si unida a ella va la deshonra.

El último eslogan del régimen intenta pintar a Cuba como una democracia. Sí, la nación que es la última dictadura del continente americano insiste en definirse como una democracia. Y sus funcionarios no sólo se lo creen, sino que están embarcados en una campaña internacional para convencer a propios y extraños de que el sistema que ha permitido que un hombre permanezca en el poder por cuatro décadas es una democracia.

Dos semanas antes de que llegara el Papa a Cuba hubo elecciones nacionales para escoger a un máximo de 601 miembros de la Asamblea del Poder Popular, así como al presidente del gobierno, entre otros puestos. Y aunque el Partido Comunista no postula a ningún candidato, la mayoría de los que forman parte de la Asamblea son miembros del partido. ¡Qué coincidencia!

De la misma forma, Fidel Castro ha ganado todas las elecciones en que ha participado. En esta última elección, Castro ganó con 96, 97 o 98% del voto. Realmente no importa la cifra porque siempre gana. Desde luego, no hubo ningún candidato de oposición, ni para el puesto de Castro ni para otro de la Asamblea. El sistema electoral cubano no permite la participación de ningún otro partido que no sea el comunista. Es decir, los candidatos tienen garantizada la victoria en cada elección. Son más listos que los dinosaurios del PRI en México... y eso ya es decir mucho.

Cuando le pregunté a un funcionario de alto nivel del Ministerio de Relaciones Exteriores quién o quiénes compitieron por el puesto de Fidel Castro en las pasadas elecciones, no me pudo contestar. Y luego, como llenando el silencio y tratando de convencerse a sí mismo, me dijo que la democracia no exige el multipartidismo.

La democracia a la cubana no permite partidos ni candidatos de oposición y garantiza la preeminencia del Partido Comunista con Fidel Castro a la cabeza. Funcionarios del gobierno cubano aseguran que la democracia se da por la selección de candidatos desde los vecindarios hasta los niveles más altos de la política. Pero todos los candidatos tienen la ventaja de no enfrentar la competencia. Qué rico. Así a mí también me gustaría ser candidato.

DE PIERNAS Y ENCUENTROS

¿Dónde están las pechugas de pollo? Desde Santa Clara hasta Santiago las estuve buscando. Con suerte, en La Habana encontré en algunos restaurantes para turistas un pollito, medio flaco, con una pechuga delgada y pellejuda. Pero en el interior de la isla, la búsqueda se topó con una pared. En algunos lugares, cuando preguntaba a las meseras dónde estaban las pechugas de pollo, se tocaban el pecho y decían con una risa: «Aquí».

Anduve en busca de las pechugas hasta que una corresponsal extrajera que vive en La Habana me explicó que estaba perdiendo el tiempo. A Cuba no llegan las pechugas, me dijo. Las piezas de pollo se importan de Canadá. Allá se quedan con las pechugas y las alas y lo único que envían a Cuba son las piernas y el encuentro.

Para qué decir más.

KAROL WOJTYLA Y LA COMPETENCIA EN LOS MEDIOS

Pocas cosas pueden resultar tan fuera de lugar, tan extrañas, tan alucinantes, como ver el *superbowl* por televisión… en Cuba. De pronto, me sorprendí viendo el espectáculo televisivo más costoso de los Estados Unidos —con anuncios comerciales que se venden a millones de dólares por 30 segundos— en el único país del hemisferio americano con un régimen socialista.

El *superbowl,* por supuesto, le restó una enorme audiencia —particularmente en los Estados Unidos— al último día de visita del papa Juan Pablo II a Cuba. Ese domingo 25 de enero, durante la misa en la Plaza de la Revolución, el Papa mencionó en 17 ocasiones las palabras: libertad, libre y liberación, en el discurso más político y provocador de su viaje de cinco días. Y ese mismo domingo, siete horas después de los latigazos papales al régimen de La Habana, ya estaba Fidel Castro contraatacando. Denunció, con enojo y molestia, los «intereses mezquinos» que querían verlo caer de bruces frente a Juan Pablo II. Estábamos frente a un choque de opuestos.

Mientras Karol Wojtyla pedía libertad para los cubanos, para los prisioneros políticos, para los creyentes, Castro insistía en que nada ni nadie —el Papa incluido— podía acabar con el sistema socialista que se había impuesto en la isla hacía casi cuatro décadas. Fue un verdadero duelo. Y mientras se desarrollaba esa histórica y espectacular confrontación, millones de personas en el mundo prefirieron ver cómo los Broncos de Denver le ganaban los Green Bay Packers. ¡Ay, ay, ay!

Me extrañó que el portavoz del Vaticano, Joaquín Navarro Valls, en una brevísima entrevista que le hice, calificara como «perfecta» la organización del viaje del Papa a Cuba; quienes pusieron a Juan Pablo II a pelear por la atención del mundo el mismo día del *superbowl* necesitan un par de clasecitas en publicidad y mercadotecnia. Está claro que en el Vaticano no entienden un ápice del futbol americano, aunque sea el circo romano del fin del milenio.

Pero lo del *superbowl* fue sólo una bobada frente al escándalo sexual en que está involucrado el presidente de los Estados Unidos, Bill Clinton, y que opacó indiscutiblemente la visita papal a Cuba. Cuando estalló el escándalo en Washington, el mismo día de la llegada del Papa a la isla, un alto funcionario del régimen castrista se quejó amargamente de su impacto negativo en el viaje de Wojtyla. Seguramente también estaba contando los dólares que dejaría de ganar el gobierno cubano si una parte de los tres mil periodistas que cubrían el evento decidían irse.

La primera misa del Papa (en Santa Clara) generó tan poco

entusiasmo ente los asistentes —estuve ahí y lo vi— que el nombre de Mónica Lewinsky comenzó a inundar Cuba. «¿Ya te enteraste de lo de Clinton?», se escuchaba en los lentísimos elevadores del hotel Habana Libre, donde estuvo concentrada una buena parte de la prensa internacional que cubría el viaje papal. En los monitores de las improvisadas oficinas, Bill y Mónica dieron un caderazo al Papa y a Fidel… y casi los sacan del aire.

Finalmente, ocurrió lo inevitable. Muchos periodistas (incluyendo a las vacas sagradas de la televisión norteamericana) se llevaron sus tiliches de Cuba a Washington. El Papa y su posible enfrentamiento con Fidel habían dejado de ser la noticia del día, de la semana, del mes. Las especulaciones sobre la caída de Castro habían sido reemplazadas por los rumores de la caída de Clinton.

Lo que hizo o dejó de hacer Clinton con Mónica Lewinsky —una veinteañera que realizó un internado en la Casa Blanca— empezó a capturar la atención de la opinión pública con una intensidad tal que me hizo recordar la exagerada, obsesiva y distorsionada cobertura de los medios de comunicación tras la muerte de la princesa Diana. Mientras tanto, las misas del Papa en Camagüey y Santiago apasionaron a los cubanos de dentro y fuera de la isla. Pero estaban solos. El mundo se mantuvo fijo en otro rollo.

«¿Ya te enteraste de lo último de Clinton?», se escuchaba cada vez más entre los periodistas que permanecieron en Cuba y que, en un acto de genuina esquizofrenia, cubrieron la visita del Papa, pero no le quitaron el ojo a la señal internacional de CNN. El Papa hablaba de fidelidad y CNN de infidelidad. Los jugosos detalles del supuesto *affair clintonita* mandaron al Papa a la segunda y tercera páginas de los periódicos.

Fidel, plenamente consciente de que le había llovido en su fiesta, rehusó darle al Papa uno de sus más preciados obsequios: la liberación de algunos presos políticos. (Hay cerca de 600 en la isla, según Amnistía Internacional.) Para qué, pudo haber pensado Fidel, si nadie se va a enterar.

Total, el Papa se regresó a Roma sin regalito. Pero dejó en Cuba un mensaje de libertad, tan fuerte, que difícilmente podrá ser pisoteado; después de los gritos de «¡Libertad!» que se escucharon entre los cientos de miles de asistentes a la última misa en La Habana, Cuba no puede ser la misma.

Lo más curiosos de todo es que en muchas partes del mundo ni siquiera se enteraron de lo que dijo Juan Pablo II en Cuba, ni del cambio que miles exigían a gritos, porque andaban levantándoles las sábanas a Mónica y a Bill… y comiendo *chips* con salsa durante el *superbowl*.

EL BALANCE

Cuando el Papa se fue de Cuba, Fidel Castro dijo estar orgulloso de que los cubanos no se quejaran del sistema ni protestaran durante las misas. Dijo también que no fue necesaria la presencia de soldados armados para evitar manifestaciones. ¿Pero acaso no fue el mismo gobierno de Fidel Castro el que autorizó que centenares de agentes de seguridad se mezclaran con la multitud, precisamente para evitar protestas?

De la misma manera, unas semanas después de la visita del Papa, el gobierno puso en libertad a más de 200 presos político. ¿Presos políticos? Sí. Lo curioso del caso es que Cuba nunca ha reconocido que haya presos políticos en la isla.

Las palabras han perdido peso en Cuba; son como brisa en el malecón de La Habana. Y no es posible hacerle mucho caso a lo que dicen los funcionarios del gobierno si queremos entender lo que ocurre en la isla y empezar a rascar la realidad.

BILL CLINTON

El eterno adolescente

Bill Clinton es como una esponja. Pero no una esponja cualquiera. Es selectivo. Absorbe lo que le conviene, lo que podría usar políticamente en el futuro. Y desecha el resto.

En los últimos años me ha tocado entrevistar a Clinton cuatro veces, en distintos formatos. Sin embargo, no hemos desarrollado una relación de confianza. Es más, dudo que pueda pronunciar mi nombre correctamente. Han sido encuentros muy formales; yo pregunto, él contesta y luego nos vamos los dos.

Pero sí me he dado cuenta de cómo Clinton ha ido aprendiendo, como un lobo hambriento, las complejidades y contradicciones que marcan el mundo de la política en América Latina.

La primera vez que hablé con Clinton (el 16 de julio de 1992) aún no había sido elegido presidente (y todavía no conocía a Mónica Lewinsky, la joven becaria con quien mantuvo años después una larga y conflictiva relación extramatrimonial). Fue durante la convención del Partido Demócrata en Nueva York. Yo tenía un resfriado espantoso que me había evitado hacer el noticiero el día anterior, con las cuerdas vocales tan inflamadas

111

que no podía hablar. Pero me impuse un voto de silencio por 12 horas, como monje, para poder hacer la entrevista. *meeting*

No me la podía perder. Clinton ya tenía el apodo de «el sobreviviente» —había superado el escándalo de Gennifer Flowers, quien decía haber sido su amante— y las encuestas indicaban que podría vencer a George Bush, el presidente vencedor en la guerra del Golfo Pérsico, pero quien estaba perdiendo su popularidad, a pasos agigantados, por los problemas económicos en Estados Unidos.

Clinton entró al cuarto del hotel donde íbamos a hacer la entrevista rodeado de asesores. Imponía por su estatura: me sacaba más de una cabeza. Dio un par de órdenes, leyó un montón de papeles que le acercaron y luego, como si bloqueara al mundo exterior, me volteó a ver a los ojos y dijo: *«Let's do it»*.

Tan pronto como comenzamos a hablar de México, de Cuba, de Puerto Rico… su lenguaje corporal mostró lo inseguro que se sentía hablando de esos temas. Arkansas —donde había sido gobernador— quedaba muy lejos. Clinton estaba absolutamente concentrado en lo que decía, pero el cuerpo lo delataba. Tenía los hombros encorvados y las dos manos, unidas por las palmas, entre las rodillas. No tenía respuestas definitivas y me hizo comentarios obvios, que sudaban ambigüedad:

Un nuevo acuerdo de libre comercio con México [TLC] debe incluir un mejoramiento de las condiciones de trabajo en ambos lados del río Grande.

No puedo imaginar bajo qué condiciones me reuniría [con Fidel Castro].

Quiero que sean los puertorriqueños los que lo decidan [su estatus político].

removed

En ese verano neoyorquino del 92, Clinton estaba muy alejado de América Latina. Su único interés estaba en ganar la nominación del Partido Demócrata y luego a George Bush. ¿Y por qué nos dio la entrevista? Bueno, porque los votantes hispanos podrían ser determinantes en la elección que venía y Clinton, el detallista, tenía que cubrir todas las bases.

Calculó bien y ganó la elección, venciendo los pronósticos iniciales.

El nuevo espíritu de la Casa Blanca

Ya en la Casa Blanca, Clinton prácticamente se olvidó de América Latina.

En ese sentido, Clinton no ha sido muy distinto de otros presidentes norteamericanos.

Estados Unidos sólo se interesa por América Latina cuando hay un buen negocio de por medio (como el Tratado de Libre Comercio) o cuando hay una crisis (como en los casos de Cuba o Haití). El intermedio es un mareo entre el coqueteo, la ignorancia y la indiferencia.

Pero el golpe de suerte vino con la tan sonada Cumbre de las Américas. El presidente no lo podía evitar más y se vio obligado a decir algunas palabras sobre nuestra América (que es distinta de su América). Así fue como nos concedieron la entrevista. (Y hablo en plural porque en la televisión, por el trabajo en equipo, el singular no existe.)

Se estableció una fecha —el 8 de diciembre de 1994— y la hora. La entrevista sería, como queríamos, en la Casa Blanca. Luego vendrían los preparativos. Como es costumbre en toda entrevista presidencial, los asistentes de Clinton querían saber los temas que íbamos a tocar. Pero respetuosos de la ética periodística, nunca nos pidieron las preguntas por adelantado. Por principio no se las hubiéramos dado. Es preferible no tener la entrevista. (Quiero hacer la observación porque varios presidentes latinoamericanos tienen todavía la mala costumbre de pedir las preguntas por adelantado, sobre todo a su prensa nacional. Para mí eso es censura y coerción. No sé como le llamen ellos.)

Cuando llegamos a Washington, la juventud de los colaboradores de Clinton se notaba por todos lados y resaltaba en la comparación. Años atrás había tenido la oportunidad de entrevistar a George Bush, también en la Casa Blanca, y sus asistentes, tan preocupados por la imagen de su jefe, se aseguraron de que el traje y la corbata del presidente no fueran del mismo color y estilo que los míos. Querían marcar la diferencia.

La Casa Blanca de Clinton es más informal. Menos preocupada por la imagen y más por el contenido. Por eso Clinton y yo acabamos usando trajes que parecían sacados de la misma tienda. Por supuesto, el mío dos o tres tallas más pequeño.

En lo que sí se parecían muchísimo Clinton y Bush (Bill y George para los amigos) era en la cantidad de maquillaje que les ponen para las entrevistas de televisión. Parece que la oscuridad y la soledad de la Casa Blanca provocan unas ojeras espantosas. Espero no estar violando algún tipo de confidencialidad al decir que las montañas de líquido y polvo blanco que les ponen debajo de los ojos distrae a cualquiera que los vea en persona.

Pero hasta ahí las coincidencias. Bush llegó a tiempo a la entrevista, Clinton casi dos horas tarde. Eso no ayuda para los nervios. Pero, como costumbre (para vencer el sudor en las palmas de las manos), cada vez que entrevisto a un presidente me lo imagino con pelos en las orejas y haciendo las cosas más normales; en el baño, amarrándose el zapato, manchándose la camisa con *ketchup*...

Esa costumbre me ayuda a humanizar al personaje y a recordar la regla número uno de los mejores entrevistadores: nadie es invulnerable. Oriana Fallaci fue la maestra del género. Después de todo, una entrevista es una forma de conflicto, una lucha por el dominio. Por eso casi todo buen periodismo es subversivo (y que me perdone Vargas Llosa por robarle la frase).

Mientras esperábamos, no sabía si pensar en Clinton como el hombre más poderoso del mundo o como el canoso pasadito de peso que corría muy temprano en las calles de Washington y que hacía sus paradas obligatorias por hamburguesas en el McDonald's.

Por fin, después de tantas elucubraciones y retrasos, llegó Clinton y hablamos, otra vez, de América Latina. Él en inglés y yo en algo parecido, pero campechaneado con acento de chilango mexicano.

Como la primera vez, supo desconectarse de su entorno y concentrarse en las respuestas. Él sabía que un comentario equivocado podría generar un buen pleito con sus ultrasensibles colegas latinoamericanos. Por esos días, los presidentes que irían a la Cumbre de las Américas temían que Clinton sacara a relucir el tema de la corrupción en sus naciones. Pero durante la entrevista, para calmar los temores de sus invitados, me dijo:

—Este problema [el de la corrupción] puede minar la democracia... [aunque] no quiero que consideren que Estados Unidos está sermoneando a otros países.

Con eso bastó. La reunión de la cumbre se concentró en el proyecto para crear un área de libre comercio en todo el hemisferio para el año 2005. El tema de la corrupción, cómodamente, quedó archivado.

Éstos fueron otros de los intercambios:

—Después de la ocupación de Haití, mucha gente en América Latina teme que se use el mismo argumento [el de los derechos humanos] para que Estados Unidos invada otros países, como Cuba. ¿Usted cree que Estados Unidos tiene el derecho de invadir o intervenir militarmente en América Latina o el Caribe?

—No.

—¿Bajo ninguna circunstancia?

—Bueno, si las vidas de ciudadanos norteamericanos estuvieran en juego y estuviera en riesgo algún interés fundamental de Estados Unidos, sería distinto.

—México ha tenido uno de los peores años de su historia moderna en términos de violencia, desde el movimiento rebelde en Chiapas hasta asesinatos políticos [Colosio, José Francisco Ruiz Massieu]. ¿Cuál cree usted que es el origen de esta violencia política?

—Creo que probablemente hay distintas fuentes y otros quizá tengan mejor opinión que yo. Creo que el movimiento rebelde es diferente a los asesinatos políticos. Creo. No sé de nadie que haya dicho que hay un vínculo entre ambas cosas. Lo realmente notable es que México ha sobrevivido a todo esto tan bien.

»El presidente Zedillo fue elegido por un gran número de votantes; todos creen que fue la elección más libre en la historia de México; tuvo dos fuertes contrincantes que presentaron sus puntos de vista; obtuvieron muchos votos también. De modo que lo que a mí más me alienta es que la democracia mexicana está bien, está viva, el Tratado de Libre Comercio está funcionando bien, beneficia a México y a Estados Unidos, en términos de empleos e ingresos.

»México es como cualquier otro país, como Estados Unidos también; tiene problemas, tiene retos que habrá de resolver. Pero con la tristeza y las dificultades y las tragedias de este año, mi conclusión es que la democracia de México se está saneando, se está abriendo y tienen buenas probabilidades de resolver sus problemas.»

—Colombia, Bolivia y Perú están convencidos de que la verdadera razón detrás del narcotráfico es el consumo de drogas en Estados Unidos. ¿Está usted de acuerdo con esto?

—No, solamente en parte. Evidentemente ellos pueden cultivar las plantas de coca del mundo entero, convertirlas en cocaína y mandarlas aquí. Si nadie consumiera cocaína no habría mercado, y eso es cierto. Pero creo que también es verdad que si no hubiera cocaína, nuestro país estaría en mejores condiciones y habría menos drogadictos, y otras drogas también.

»La verdad es que ambos tenemos responsabilidades. Yo he trabajado vigorosamente para aprobar la ley anticrimen, para obtener los fondos y dirigirlos a los programas de prevención y tratamiento, y para reducir la demanda. Hemos incrementado las sanciones a nuestros propios ciudadanos, sobre todo cuando se trata de vender drogas a los niños...

»Tenemos grandes responsabilidades. Estados Unidos compra por lo menos 50% de las drogas ilegales del mundo, de modo que somos gran parte del problema. Es cierto también que tenemos que trabajar con otros países donde se inicia el problema para que los agricultores dejen esos cultivos [de coca] y tratar de cambiar la cultura de esos países.»

Cuando se terminó la entrevista y mientras se quitaba el micrófono, le pregunté a Clinton cuándo pensaba ir a América Latina. Había estado ya en Europa y en Asia, pero nunca al sur del río Bravo. «Espero poder ir», me dijo. No sonó muy convincente.

América Latina no parecía interesarle mucho a Clinton en ese entonces, pero contestó a todas las preguntas a pesar de sus otras preocupaciones. Luego me enteraría de que esa misma tarde decidió enviar tropas a Bosnia, afinó su propuesta para reducir los impuestos de la clase media norteamericana y despidió a la asesora nacional de salud, quien hablaba de los beneficio de la masturbación entre los jóvenes, mientras él discutía asuntos de comercio internacional. (Nadie podía imaginarse, en ese entonces, que conoceríamos a fondo las obsesiones sexuales de Clinton a través del ya famoso informe del fiscal independiente Kenneth Starr.)

Clinton nunca fue a Latinoamérica durante su primer periodo presidencial. Los problemas internos y la interminable preocupación de su reelección lo hizo, casi siempre, ver hacia adentro. Pero una vez que obtuvo el mandato para otros cuatro años en la Casa Blanca, las cosas cambiaron un poco; para él y para mí.

Anunció que, por fin, iría a América Latina y mi trabajo fue perseguirlo. Su primer viaje a la región lo llevó a México, Costa Rica y Barbados. La persecución se alargó 5 521 millas en una semana; las conté. Y eso me permitió hacer algunas observaciones de primera mano y de primer ojo.

(Cuando Clinton nos concedió esa entrevista, ya llevaba seis meses de relaciones íntimas con Mónica Lewinsky. Durante esa época, Mónica había sido transferida de la Casa Blanca al Pentágono y no podía ver al presidente tan frecuentemente. Sin embargo, el 2 de mayo de 1996, tres días antes de nuestra entrevista, se vieron en público en la recepción del Club del Saxofón, una organización política.)

El viaje, por supuesto, comenzó en Washington. Pero antes de partir a México, nos concedió —el 5 de mayo de 1996— una entrevista en la Casa Blanca a cuatro periodistas de televisión (de Univisión, Televisa, TV Azteca y Multivisión). Y durante toda la conversación, Clinton estuvo ajustando constantemente —a través de su pantalón azul marino— los tornillos del aparato médico que le inmovilizaba la pierna. Unas semanas antes se había roto el ligamento de la rodilla derecha, al resbalarse en una escalera, y era obvio que le dolía y lo tenía incómodo.

Clinton estaba delgado, en comparación con la última vez que había conversado con él en diciembre de 1994. Luego nos comentó que, además de su dieta, el uso de las muletas lo había obligado a ejercitar todo su cuerpo.

Sí, estaba más delgado y ya no titubeaba al hablar de América Latina. Aparentemente hizo bien su tarea. En esa ocasión, compartiendo la entrevista, sólo le pude hacer dos preguntas sobre política exterior. Una tenía que ver con los planes para dar amnistía a los miles de refugiados centroamericanos en Estados Unidos. La otra fue sobre Cuba y China.

—¿Cómo les respondería usted a sus críticos en América Latina que consideran que su política para promover la democracia en sistemas dictatoriales no es coherente? Por ejemplo, usted le ha dado a China el estatus de nación más favorecida, comercialmente, con el objeto de promover la democracia. Pero al mismo tiempo, para promover un sistema democrático en Cuba, usted ha decidido reforzar el embargo. ¿Por qué la diferencia y por qué la inconsistencia?

—Antes que nada, es una buena pregunta, pero hay que clarificar. Así como el mismo Fidel Castro provocó que se aprobara la ley Helms-Burton, él tiene el poder de modificarla. Ahora, en Cuba la situación es un poco distinta ya que tenemos cubano-americanos viviendo en Estados Unidos cuyas propiedades fueron expropiadas y, como le he dicho, recientemente hubo gente que fue derribada de su avioneta y asesinada. Que yo sepa, China no ha asesinado a ningún estadounidense recientemente, y si no tendría una actitud muy diferente sobre el comercio con China.

A Clinton le encanta conversar. La entrevista con él iba a durar sólo 25 minutos, pero se extendió a 40. Incluso, al cruzar la media hora, el vocero presidencial Mike McCurry entró al salón Roosevelt e intentó poner fin a la serie de preguntas y respuestas. Nada importó; Clinton siguió hablando sin siquiera verlo a la cara. Quedó muy claro quién era el jefe.

En América Latina

De Washington nos fuimos todos a México.

Clinton, no hay duda, es un maestro en el arte del saludo. Y en la Ciudad de México vi cómo cayeron derretidos ante la cálida mirada y el fuerte apretón de manos de Clinton los mismos funcionarios que horas antes estaban criticando a los cuatro vientos las leyes estadounidenses de inmigración, certificación y Helms-Burton. Conozco a muy pocos líderes con un saludo tan efectivo. Desarma. Clinton sabe la importancia de la primera impresión y domina sus recovecos.

Cuando Clinton se te acerca, rompe gentilmente ese límite que los psicólogos llaman espacio vital. Estira su mano antes de que tú lo hagas, sus ojos azul claro dejan de pestañear, cierra un poco sus párpados —como si estuviera apuntando— y mantiene su mano firme sobre la tuya una fracción de segundo más de lo normal. Luego, jala sus labios hacia arriba, todavía sin sonreír, y repite tu nombre aunque su pronunciación sea muy difícil. Da la impresión de que tiene toda su atención puesta en ti. Lo he visto hacer este mismo ritual docenas de veces y casi nunca le falla.

El carisma de Clinton no pudo hacer olvidar a los mexicanos que millones de sus compatriotas son rechazados del otro lado de la frontera. Antes de su llegada, más de la mitad de los mexicanos (según la última encuesta) tenía una opinión desfavorable de Estados Unidos. Pero la visita suavizó las tensiones. Es el factor Clinton.

Clinton es un presidente que parece estar eternamente en campaña, incluso fuera de Estados Unidos. En Tlaxcala, México, Clinton se desprendió de la corbata y se rodeó de gente, ante el nerviosismo de sus aterrados *guaruras*.

Además, su camisa abierta, mostrando un poquito de su blanquísima piel, fue un cambio bienvenido en un mar de acartonados políticos mexicanos, dignos representantes de la cultura del licenciado. (Un licenciado mexicano, además de creerse jefe, tiene que parecerlo, y casi nunca se quita la corbata.)

En Costa Rica encontré al presidente William Clinton mucho más relajado. Y había razón para ello; no vi las quemas de banderas norteamericanas ni las protestas que hubo en la capital mexicana. En San José, cada vez que pasaba la limusina negra de Clinton le aplaudían y le gritaban con alegría, aunque él no estuviera dentro.

En la capital tica, coincidí en el mismo hotel con Clinton... y las mil personas de su delegación. El personal de seguridad estaba por todos lados y parecía sacado de una película de Arnold Schwarzenegger; armados hasta las orejas, fortachones y con lentes oscuros, incluso de noche. Cuando uno les preguntaba algo, lo único que contestaban era: *«I don't know»*. Salvo ese pequeño detalle, mis compañeros de hotel parecían muy agradables.

Clinton tenía fama de ser muy controlado en lo que dice, aunque el cordial recibimiento en San José probablemente debilitó su voluntad y sus planes. Antes de iniciar su gira, Clinton nos había dicho (en la entrevista) que no iba a hacer ninguna concesión en materia de migración. Pero los presidentes de El Salvador y Nicaragua, con mucha inteligencia y valor, le sacaron a Clinton la promesa de suspender temporalmente las deportaciones masivas de centroamericanos en Estados Unidos. Fue la única sorpresa de la visita.

Cinco días de viaje en América Latina no podían compensar los cinco años en que Clinton, prácticamente se olvidó de la región. Pero me pareció que en México y Costa Rica, Clinton cayó bien. Escuchó, preguntó mucho, se interesó igual por las ruinas de Teotihuacan que por el bosque tropical Braulio Carrillo, mostró haber leído a Benito Juárez y a Carlos Fuentes, aceptó cierta corresponsabilidad en los temas del narcotráfico y la inmigración centroamericana y, cuando no estuvo de acuerdo con algo, se quedó callado.

Esto, desde luego, no resolvió los múltiples y profundos problemas entre Estados Unidos y sus vecinos del sur. Pero algo es algo.

La segunda etapa de su gira por América Latina lo llevó, cinco meses más tarde, a Venezuela, Brasil y Argentina. Ya sin las muletas, Clinton salió de Sudamérica «a celebrar los cambios de dictaduras a democracia, de economías cerradas, alta inflación y deuda externa a un periodo de estabilidad y crecimiento». Pero cuando un presidente de Estados Unidos viaja miles de millas sólo para «celebrar», significa que tiene pocas cosas en concreto que ofrecer. Y efectivamente así fue. Durante toda su gira sudamericana no hubo un solo acuerdo significativo; fue un viaje de buena voluntad.

Sin embargo, escondido en el itinerario, Clinton hizo algo que pudiera marcar la forma en que se hace política, a nivel internacional, a través de los medios de comunicación. Clinton quería hacer una teleconferencia que lo conectara con líderes jóvenes desde Buenos Aires hasta Miami y Los Ángeles. Sería el equivalente global de los *town hall meetings* que tan bien le habían funcionado en sus campañas electorales y en los momentos más difíciles de su presidencia.

La logística fue una pesadilla, pero los técnicos y productores de Univisión están, sin duda, entre los mejores que existen; son profesionistas de primera categoría obligados a trabajar con una fracción de los presupuestos con que cuentan las grandes cadenas de televisión en Estados Unidos. En poco tiempo prepararon el escenario, las complicadísimas conexiones de satélite, y se escogió a los jóvenes que harían las preguntas al presidente. El *show* estaba listo. Ahora sólo faltaba Clinton.

El programa se realizó el 16 de octubre de 1997, casi al final de su viaje a Argentina. Cuando el presidente de Estados Unidos entró al estudio de televisión en Buenos Aires, una joven argentina venció sus nervios y las frías miradas de los guardaespaldas que acompañaban a Bill Clinton para gritarle: «¡Eres más guapo de lo que me imaginaba». Los 123 jóvenes de la audiencia y los técnicos del estudio lanzaron una carcajada masiva, como si hubiera salido de la misma garganta.

Clinton, serio, volteó a ver a la muchacha desde sus seis pies de altura y se creó un largo silencio. Fueron cuatro o cinco segundos, pero se sintieron interminables. Y precisamente cuando pensé que el presidente de 51 años de edad se había enojado por el piropo femenino, dijo: «A mi edad es bueno escuchar eso». Todos rieron, aliviados. Dijo lo correcto en el momento preciso, sin parecer macho o frívolo; sin recordarle a nadie sus problemas con Gennifer Flowers o Paula Jones.

(Clinton, irónicamente, debía estar preocupado por lo que ocurría a miles de millas de Buenos Aires. Mónica Lewinsky, en Washington, estaba tratando de chantajearlo. Ese mismo día le envió una lista con los trabajos que a ella le gustaría obtener con la ayuda, claro, del señor presidente. Y esa tarde, aproximadamente a las tres, Mónica Lewinsky habló con Vernon Jordan, el fiel amigo de Clinton, para que la orientara sobre la mejor manera de obtener un nuevo empleo, de preferencia, en Nueva York. Como ven, Clinton tenía muchas cosas en la cabeza, además de ese programa internacional por televisión.)

Como buen político —y lo es: ha resucitado de las cenizas tras varias derrotas—, Clinton se mostró como un maestro en el arte del *timing* (de los tiempos, de las pausas, del momento preciso para atacar). Así, con humor, salvo el primer momento difícil de la tarde. Y para mí, esa tarde fue una extraordinaria oportunidad para ver muy de cerca cómo se manejaba, frente y detrás de las cámaras, *mister president*, vestido para la ocasión con un traje azul oscuro de Giorgio Armani y alistado con su ya conocido maquillaje blanco cubriéndole las ojeras.

El incidente del piropo ocurrió antes de que comenzara en Buenos Aires el programa especial de televisión que se transmitió en vivo y vía satélite a 33 países, y que puso a Clinton en con-

BILL CLINTON

tacto, durante una hora, con líderes jóvenes de todo el continente americano. La audiencia potencial superaba los 500 millones de televidentes. Y me tocó ser uno de los moderadores del
programa, junto con María Elena Salinas (también en Argentina),
Teresa Rodríguez en Miami y María Antonieta Collins en Los
Ángeles.

Muchachos de 17 a 35 años en Buenos Aires, Los Ángeles y
Miami le hicieron un caudal de preguntas a Clinton; él saltaba de
tema en tema con la destreza de un trapecista.

Y sí, Clinton dijo cosas de impacto; que la venta de aviones
F-16 a Chile no pretende asustar a sus vecinos, que en México
—por fin— hay cambios democráticos, que Puerto Rico no tiene por qué perder su cultura si se convierte en el estado norteamericano número 51…

Por mi parte, pude introducir dos preguntas durante la teleconferencia. La primera, casi al principio del programa:

—Como usted ha reconocido, Estados Unidos es el país que
más drogas consume en todo el mundo; uno de cada tres estadounidenses ha probado drogas al menos una vez en su vida, de
acuerdo con encuestas. Por eso, muchos creen que el proceso
de certificación [en la lucha contra las drogas] es injusto. ¿Es cierto que en la Cumbre de las Américas en Chile el próximo año
va a anunciar el fin del proceso de certificación?

—No hemos tomado una decisión al respecto. Hace años,
nuestro Congreso aprobó una ley que requiere, cada año, que
certifiquemos que la gente con autoridad en distintos países está
haciendo todo lo que puede para ayudarnos a luchar contra el
problema de las drogas. La descertificación y otros procesos in-
termedios son medidas extremas tomadas bajo circunstancias inu-
suales. Pero aun en el caso de Colombia, donde se decidió tomar

la decisión de descertificación, nosotros continuamos invirtiendo más dinero que en cualquier otro país, trabajando junto con las autoridades locales y federales para enfrentar el problema de las drogas.

»Así que tenemos que enfatizar que nuestro acercamiento debe ser la cooperación, ya sea México, Colombia o cualquier otro país. Lo que preferimos es trabajar con la gente. Y reconocemos que en muchos países productores de drogas se requiere de enorme valentía, enorme coraje, y la gente que está jugando sus vidas para enfrentarse a los narcotraficantes. Y lo que queremos es un mundo en el que trabajemos de cerca con ellos y reduzcamos la demanda de narcóticos en Estados Unidos.

»Y como lo he dicho, hemos visto la demanda en Estados Unidos disminuir, pero nuestros niños todavía siguen usando demasiadas drogas.»

La segunda pregunta, casi al final de la teleconferencia y que provocó un fuerte aplauso entre los jóvenes argentinos participantes, tenía que ver con la decisión de Estados Unidos de designar a Argentina como aliado militar fuera de la OTAN (Organización del Tratado del Atlántico Norte).

—Ya que Argentina es un aliado de Estados Unidos, un aliado fuera de la OTAN, ¿qué pasaría si, por ejemplo, Argentina decidiera buscar una solución diplomática o militar a las Islas Malvinas? ¿A quién defendería Estados Unidos, a Gran Bretaña o a Argentina?

—Estados Unidos diría... ya lo tratamos una vez y no funcionó muy bien. Y Estados Unidos diría, aquí hay dos grandes países siguiendo, en todos sentidos, políticas a largo plazo. Gran Bretaña está disfrutando de un enorme éxito ahora en Europa por su recuperación económica, demostrando una responsabilidad real en asuntos internacionales, tratando de lidiar con la pregunta que todos debemos enfrentar, que es cómo podemos tener un mercado abierto y preservar el contrato social, tratar justamente a los pobres, hacer que crezca la clase media. Éste no es el tiempo de ir a la guerra. Éstos son nuestros amigos. Ellos deben reunirse y solucionar el asunto. Es lo que diría Estados Unidos.

»Por Dios, no echen a perder algo que está bien. Tenemos dos buenos países con fuerte liderazgo. Deben reunirse y resolverlo. Ésta no es una causa para ir a la guerra. Ésta es una causa para negociar.»

Pero tan importante como lo que dijo Clinton en Buenos Aires es el medio que utilizó: la televisión interactiva, donde la tecnología brinca fronteras, abre diálogos internacionales y genera la ilusión de cercanía. Es la aldea global, pero a lo bestia. La ubicuidad ya no es un misterio religioso; hoy es una realidad tecnológica. Se puede estar en todos lados, al mismo tiempo, a través de la televisión. Y Clinton es uno de los primeros presidentes que aprovecha al máximo los avances científicos en el área de las comunicaciones para convertirse —como si hubiera salido de un curso de mercadotecnia barata de Og Mandino— en el vendedor más grande del mundo. Liderar, a nivel mundial y al fin del milenio, equivale a vender y comerciar.

¿Y qué vede Clinton? Vende la cultura «americana», sus productos, sus ideas, su *lifestyle*. ¿Y cómo vende y ejerce su poder? A través de la televisión e Internet. Al respecto, el profesor Joseph Nye, de la escuela de Gobierno de la Universidad Harvard, dice: «Ya no se necesita amenazar con armas. El poder llega a través de Internet o de la televisión a las salas de las familias de todo el mundo. Creo que esto será más duradero y más estable que los poderes impuestos por la fuerza».

Puede no gustarnos, pero estamos viviendo en el planeta «americano» y Clinton ha sido su principal promotor. La cultura estadounidense busca imponerse globalmente y a veces lo consigue con mucho éxito. Ahí están, en cualquier vidriera del mundo, desde las hamburguesas McDonald's, los tenis Nike y la música de Madonna, hasta las versiones gringas de lo que deben ser la democracia, la competencia, los mercados...

Y como promotor de lo norteamericano en el mundo, Clinton ha aprendido a usar la televisión a su antojo. En el estudio de Buenos Aires me di cuenta de cómo Clinton veía a la cámara con la misma intensidad de un enamorado y explicaba los conceptos más complejos con la sencillez de un profesor de primaria. Además, se mueve con suma naturalidad en un medio caracterizado por lo artificial.

La mayoría de los pomposos, formales, acartonados y aburridos líderes latinoamericanos —a quienes no se les entiende ni la mitad de lo que dicen— tienen todavía mucho que aprender sobre cómo comunicarse efectivamente. (Menem y Zedillo son dos claros ejemplos de malos comunicadores.)

Clinton, sin pancita —había rebajado 15 kilos—, llevaba todo en su cabeza, nada en papel, y es una combinación de videopolítico centrista, importador/exportador de conceptos y mercancías, carismático ejecutivo de relaciones públicas y buscador de consensos.

Después del programa de televisión, el *show* continuó. Clinton y su esposa Hillary —quien se sentó, silenciosamente, entre la audiencia— respondieron durante 45 minutos, y fuera del alcance de los micrófonos, las preguntas y críticas que varios jóvenes no pudieron hacer por falta de tiempo durante la teleconferencia. Con su gira sudamericana —como apuntaba una revista argentina—, Clinton logró algo que los ex presidentes Carter, Reagan y Bush sólo soñaron; es decir, convertirse (con ayuda de los medios de comunicación y de la tecnología) en un «animal político globalizado».

EL PRIMERO DE SU ESPECIE

Clinton, por supuesto, no es un ser unidimensional. Conocemos al Clinton líder de la primera potencia en un mundo unipolar, al Clinton estudioso de América Latina y otros asuntos internacionales, al Clinton que de adolescente conoció en la Casa Blanca al presidente John F. Kennedy y cuyo encuentro ha cambiado el fin del milenio, al Clinton juguetón que incluye vacaciones y juegos de golf en sus giras de trabajo, al Clinton eternamente preocupado por la siguiente pelea política, al Clinton amoroso junto a Hillary —aunque algunos insistan en que su relación es más una sociedad de conveniencia— y al Clinton orgulloso de su hija Chelsea, quien estudia en Stanford.

Pero también hay un Clinton que empezamos a conocer con las acusaciones de mujeriego que le hizo Gennifer Flowers cuando él era candidato a la presidencia, y que luego ha querido corroborar Paula Jones, quien lo demandó por acoso sexual —de hecho, por supuestamente bajarse los pantalones en un cuarto de hotel y proponerle sexo oral— en su época de gobernador de Arkansas. Aunque Clinton no parece haber aprendido de sus errores. Como un eterno adolescente fue, más tarde, vinculado sexualmente con Mónica Lewinsky —una ex interna de la Casa Blanca— y con la voluntaria Kathleen Willey, quien lo acusó de haberla tocado y besado sin su consentimiento. Estos errores, parece ser, lo han perseguido, como fantasmas, a lo largo de toda su carrera política.

Clinton es, a la vez, todos estos Clinton. Ni sencillo ni perfecto, pero como dicen quienes lo conocen, Clinton es un sobreviviente de la política, obsesionado hasta el hueso por el lugar que él mismo se ha escarbado en la historia.

POSDATA

El primer encuentro

Mónica sabía que el miércoles 15 de noviembre de 1995 iba a ser un día difícil. Lo que no sabía es que ese miércoles cambiaría la historia de la presidencia de Estados Unidos.

Mónica Lewinsky llegó a su trabajo como becaria en la Casa Blanca a las 13:30 horas. Y en verdad la necesitaban; el gobierno se había quedado sin dinero —debido a que el Congreso norteamericano, dominado por los republicanos, no quería aprobar el nuevo presupuesto presentado por Bill Clinton— y las labores de muchos de los empleados de la Casa Blanca estaba siendo realizadas, por segundo día consecutivo, por los más de 200 jóvenes del programa presidencial de becarios.

Mónica no se había hecho ilusiones de salir temprano. Iba a tener un día muy largo. Pero el ambiente era sumamente interesante. Había sido asignada a la oficina del jefe de gabinete, Leon Panetta, y tenía acceso a la exclusiva ala oeste de la Casa Blanca. Eso significaba estar cerca de «él».

Ella ya conocía al presidente Bill Clinton. Se habían visto durante varios eventos sociales en Washington y a Mónica le sorprendía que él se acordara de su nombre. En una ocasión, ella se levantó el saco sastre, mostrando su trasero, para que el presidente viera parte de los elásticos de sus calzones que sobresalían del pantalón. Mónica creyó que el presidente no le había puesto atención, pero estaba equivocada.

Esa noche, poco después de las ocho, ella fue al baño cuando se encontró la puerta abierta de la oficina del asesor presidencial George Stephanopoulos. Adentro estaba Clinton. Solo. Él la invitó a pasar y sin mucho preámbulo, Mónica le dijo al presidente que le gustaba mucho. Clinton se río de buena gana y después de unos minutos de conversación la llevó a conocer su comedor privado —que conectaba con la oficina de Stephanopoulos— y luego se quedaron platicando en el pasillo que va del comedor al despacho de Clinton, junto a la oficina oval.

En ese pasillo comenzó el *affair*. Mónica Lewinsky testificó ante un jurado que el presidente «le preguntó si la podía besar» y ella le dijo que sí. En ese momento no pasó nada más. Pero antes de despedirse, Mónica escribió su nombre y teléfono en un papelito que le entregó al presidente.

Esa misma noche, antes de las diez, el presidente se apareció en la oficina de Leon Panetta —donde Mónica seguía trabajando— y la invitó a su despacho privado. Ahí, ella desabrochó su saco y el *brassier*. Clinton, luego, se lo levantó y le empezó a tocar los senos con sus manos y boca.

De pronto, entró una llamada por teléfono. Era, posiblemente, el congresista Jim Chapman. Clinton se sentó, y mientras hablaba por teléfono, le tocó la vagina, por arriba de la ropa, y la empezó a estimular sexualmente. Mónica se hincó para abrir el pantalón de Clinton. Ésa fue la primera vez en que Mónica tuvo una relación de sexo oral con el presidente de Estados Unidos de América. A las 00:18 horas del jueves 16 de noviembre de 1995, Mónica salió de la Casa Blanca y se fue a dormir a su apartamento. Ése fue el primero de nueve encuentros sexuales entre Lewinsky y el presidente.

¿Quién es Mónica Lewinsky?

¿Qué hizo que una muchacha de 21 años de edad cambiara la historia del país más poderoso del mundo al final del segundo milenio?

Es muy fácil ser tramposos al dibujar un perfil de Mónica Lewinsky; la podemos presentar como la ambiciosa y manipuladora *femme fatal* que invadió la oficina oval con la intención de destruir un matrimonio o como la hija de papi que fue explotada sexualmente por un hombre poderoso que le duplicaba la edad. Pero en el caso de Mónica, los extremos se tocan y es un poco de ambas cosas.

Mónica Lewinsky nació en San Francisco, en pleno verano, un 23 de julio de 1973. Pero nació con frío. Los veranos de San Francisco son famosos por tener las más bajas temperaturas de Estados Unidos. Sus padres, Bernard Lewinsky y Marcia Lewis, se separaron cuando Mónica todavía era una niña. Ambos se han vuelto a casar y tienen nuevas parejas. Pero el divorcio les salió caro, financiera y emocionalmente; por años han tenido que desembolsar más de 700 dólares al mes en terapias para Mónica y su hermano.

Durante casi toda su vida, Mónica ha tenido que brincar de una casa a otra. Su padre es un oncólogo judío que vive en el Valle de San Fernando, cerca de Los Ángeles, y que habla español ya que durante un tiempo mantuvo su práctica médica en El Salvador. Mónica nunca aprendió español. Pasaba la mayor parte del tiempo con su madre, a quien alguna vez describió como «su mejor amiga».

Marcia Lewis es escritora de un solo libro. En un trabajo que pasó sin pena ni gloria sobre los tres tenores —Domingo, Pavarotti y Carreras—, lo más jugoso del libro es la sugerencia de que Lewis tuvo una relación extramarital con uno de los cantantes (sin especificar cuál). El incidente es, por supuesto, del dominio público. Así que Mónica, quizá, internalizó desde chica que vincularse sexualmente con hombres casados no era algo reprochable. Por el contrario, el asunto podría llegar a su clímax en un libro; en prestigio, en dinero y en poder.

De hecho, Mónica tuvo una larga relación emocional con un hombre casado antes de entrar a la Casa Blanca. Después de haber estudiado la secundaria y preparatoria en dos escuelas privadas del carísimo barrio residencial de Beverly Hills, se fue a estudiar al Lewis & Clark College de Portland, Oregon —un centro universitario de poco prestigio—, donde acabó acostándose con uno de sus profesores. Lo extraño del caso es que mientras mantenía esa relación, Mónica se hizo muy amiga de la esposa de su amante. Ella no supo de la infidelidad de su esposo hasta varios años después.

Tres fotografías de la época —de 1988 a 1990— la muestran regordeta, siempre con su pelo negro a la altura de los hombros y mostrando sus dientes al sonreír; es la imagen opuesta de la despampanante rubia oxigenada, en bikini, que abruma los anuncios de la televisión de Estados Unidos vendiendo el «sueño americano» (a crédito y a plazos).

El título universitario de Mónica es en psicología, por lo tanto, obtener un puesto como becaria en la Casa Blanca resultaba un poco complicado. Pero las relaciones familiares hicieron que Mónica pegara su chicle en Washington. Le pidió a un amigo de la familia, Walter Kaye, que la recomendara, así que la Oficina de Becarios no se pudo resistir. Kaye es un influyente e importante contribuyente a las campañas del Partido Demócrata.

Mónica comenzó como becaria en la Casa Blanca en julio de 1995, pero para diciembre de ese año ya había convencido a sus jefes para que la contrataran. Y lo hicieron con el nada despreciable sueldo de 2 554 dólares al mes. No estaba mal para alguien que estudió en un colegio de tercera categoría, que no estaba interesada en política y que no había cumplido su primer cuarto de siglo.

La relación entre Clinton y Lewinsky resultó ser lo suficientemente sospechosa como para que el 17 de abril de 1996 ella fuera transferida, por una de las principales asesoras presidenciales, al Pentágono —el Departamento de Defensa— para que estuviera lejos del presidente.

Durante meses, Lewinsky intentó chantajear al presidente Clinton para que la sacara del Pentágono y la regresara a su lado. Ella «no podía explicarles a sus padres por qué no estaba más en la Casa Blanca», según asegura su testimonio.

El rastro sexual que dejó Mónica

Aquí hay sólo dos opciones: o bien Mónica Lewinsky era muy inútil en el manejo de las computadoras o hizo todo lo posible para que el mundo se enterara de su relación sexual, en detalle, con Clinton.

Mónica dejó en archivo docenas de mensajes electrónicos con comentarios sobre su relación con Clinton. Por lo menos 11 personas, dentro y fuera de la Casa Blanca, sabían lo que estaba pasando (incluyendo a Linda Tripp, su ex amiga que le grabó 20 cintas, sin que ella se diera cuenta, sobre sus andanzas con Clinton).

Bueno, incluso el presidente Clinton, de acuerdo con su testimonio grabado en video el 17 de agosto de 1998, sabía que Mónica no se iba a poder quedar callada. «Es parte de su psicología», dijo el resignado presidente. Y así fue.

El 28 de julio de 1998, Mónica Lewinsky llegó a un acuerdo con la oficina del fiscal independiente, Kenneth Starr, para contar todo lo que sabía a cambio de inmunidad. Lo que dijo Mónica quedó reflejado en un informe de 454 páginas cuyo contenido nos permitió conocer más sobre la conducta sexual de Lewinsky y el presidente que la de nuestros más cercanos amigos.

Dos ejemplos (del libro publicado tras el informe Starr):

Página 87: «En un momento dado, (Clinton) introdujo un puro en la vagina de la señorita Lewinsky, luego puso el puro en su boca y dijo: "Sabe bien".»

Página 113: «La señorita Lewinsky testificó que (Clinton) dijo que no se quería volver adicto a ella… entonces, ella le dijo: "No te quiero desilusionar", ante lo cual el presidente asintió. Por primera vez ella tuvo una relación de sexo oral en la que el presidente se vino… ella notó que el vestido azul de la tienda GAP (que había utilizado ese día) tenía manchas a la altura de la cadera y el pecho. El laboratorio del FBI determinó que las manchas eran de semen del presidente.»

Pregunta superflua: ¿por qué Mónica no lavó ese vestido? Bueno, eso mismo le preguntó uno de los jurados que la interrogaron el 6 y el 20 de agosto. Y contestó: «Parece algo chistoso y hasta tonto… pero generalmente no lavo mi ropa hasta que sé que la voy a volver a usar». Okay, Mónica.

Mónica siempre quiso tener una relación sexual completa con el presidente, con coito. En varias ocasiones se lo propuso. Pero él no aceptó. «Aún no te conozco lo suficiente», le dijo. Clinton sabía que la posibilidad de tener un hijo fuera del matrimonio le costaría inevitablemente la presidencia. Y por eso prefirió sexo a medias. Mónica tuvo una experiencia similar. De los nueve encuentros sexuales que sostuvieron, ella sólo alcanzó el orgasmo una vez. O sea, que tanto rollo y ni siquiera se la pasaron tan bien.

La verdadera Mónica

Mónica, dicen los que la conocen, estaba muy molesta con el presidente Clinton por el discurso televisivo que dio a la nación el 17 de agosto, después de testificar ante el gran jurado. Según ella, él presentó su relación como si se tratara de un «contrato por servicios». Para ella, sus encuentros fueron más que sexo oral y oval. O por lo menos eso es lo que ella creía.

Mónica asegura que Clinton le comentó que no sabía si seguiría casado con Hillary, después de su paso por la Casa Blanca, y no es imposible pensar que Mónica fantaseó con la idea de, algún día, convertirse en la señora Clinton. «Creo que todavía lo amo», reconoció Mónica en su testimonio ante los 22 miembros del gran jurado.

Mónica, de hecho, parecía estar enamorada del presidente. En un mensaje electrónico que le envió a Linda Tripp ella fantaseó con la idea de recibir una nota del presidente Clinton que dijera: «Te amo. ¿Te escaparías conmigo?» Esa nota, desde luego, nunca llegó.

No habría nada más tortuoso que tratar de meterse en la cabeza de Mónica Lewinsky. Así que, afortunadamente, tenemos las encuestas como sucedáneo. Y éstas nos dan una clara idea de lo que los norteamericanos perciben como la «verdadera Mónica». ¿*Femme fatal* o niña explotada?

De acuerdo con una encuesta (realizada por CNN-*Time* en septiembre de 1998), 77 por ciento de los norteamericanos pensaban que Mónica es una oportunista que quería tener relaciones sexuales con un presidente. Sólo un 10 por ciento cree que Lewinsky fue víctima de su ex jefe.

Y quizá aún más significativo es que 85 por ciento de los hombres solteros que fueron encuestados dijeron que no les gustaría salir con Mónica. Sólo uno de cada diez se atrevería.

Los *fans* de Mónica tampoco nos ayudaron mucho a conocer cuál es su verdadera cara. A finales del 98 encontré dos mil direcciones y reportes en Internet sobre Mónica Lewinsky, pero muchos de ellos están escritos en tono de broma o de burla.

El presidente Clinton tampoco es buen juez en este asunto. En su testimonio, caracterizó a Mónica como «una niña... con un buen y joven corazón». Ciertamente Clinton llegó muy cerca del corazón de Lewinsky. Muy cerca. Pero, como vimos en las encuestas, la gente no cree que Mónica sea una «niña» en ningún sentido de la palabra.

La verdadera Mónica Lewinsky aún se nos escapa. Y a pesar de las cintas y entrevistas que se han dado a conocer desde el descubrimiento del escándalo sexual en la Casa Blanca, me parece que Mónica ha marcado su huella como un huidizo, indescifrable y desprestigiado personaje de la mitología cibernética.

GEORGE BUSH

La guerra del Golfo

EL VUELO

Llegué a Arabia Saudita el lunes 25 de febrero de 1991. Ése fue el peor día de la guerra para la Alianza. En Dharán, Arabia Saudita, las fuerzas de Saddam Hussein realizaron un ataque con misiles Scud, destruyendo una de las barracas donde descansaban soldados norteamericanos: 28 murieron y 100 resultaron heridos. La misma noche del ataque, nosotros debíamos haber viajado a Dharán desde Jeddah, en la costa oeste, pero a última hora nos cancelaron el vuelo sin darnos explicación.

A la mañana siguiente nos enteraríamos de la noticia en un avión militar C-130 de transporte de Estados Unidos. Íbamos alrededor de 100 personas, la mitad soldados de Arabia Saudita y el resto civiles. Entre éstos habían unas 20 mujeres con sus niños, todos amontonados en una sección del avión. (En aeropuertos y aviones de Arabia Saudita siempre hay una sección especial para mujeres.)

Viajaba con la productora Marilyn Strauss, Iván Manzano y

el camarógrafo. Frente a nosotros iba un piloto militar egipcio que nos hablaba en un muy buen inglés de las bondades del tipo de nave que nos transportaba. El avión hizo primero la ruta de Jeddah a Taif. En Taif, cerca de La Meca, hicimos una breve parada para recoger a más militares, y después despegamos hacia Dharán. Llevábamos una media hora volando cuando notamos un giro violento. Luego, el avión dio una vuelta en U y empezó a perder altura. Como las ventanillas eran pequeñas y estaban tan cerca del techo, no alcanzábamos a ver nada más que el cielo. No podíamos darnos cuenta de lo que estaba pasando. El piloto, que unos momentos antes nos hablaba generosamente de los C-130, había cambiado su actitud y estaba nervioso. El aparato sonaba ensordecedoramente como licuadora. En lugar de ir hacia Dharán regresábamos a Jeddah por una falla mecánica.

Envidiaba enormemente a Iván. Desde que salimos de Jeddah no había dejado de escuchar en su *walkman* un casete de salsa. (De hecho, en toda su estancia en Arabia Saudita y Kuwait nunca lo dejó a un lado.) Como no hablaba inglés, se la pasó oyendo a Celia Cruz y similares. Es salvadoreño, y parecía acostumbrado a las guerras. Nunca dejó de sonreír en todo el viaje.

Marilyn, un poco menos asustada que yo y con mucho más sentido del humor, me tomó una fotografía cuando parecía que el avión se desplomaba, y me dijo que quizá sería la última antes de morirnos. Fue, sin duda, el peor vuelo de mi vida. Y para vencer el miedo y el nerviosismo me puse a escribir.

Es martes por la mañana. Casi no hemos dormido. Después de dar una vuelta por el centro de Jeddah (donde hay una mezquita preciosa) regresamos al hotel a cenar. No encontramos en la calle ningún restaurante que nos llamara la atención. Cenamos comida china (muy buena, por cierto); tomamos una bebida que aquí le llaman champaña saudita, que prácticamente es un jugo de manzana y agua con gas. En fin, a falta de vino...

Estoy volando en estos momentos de Jeddah a Taif en un avión militar. Voy muerto de miedo. Sin duda les tengo más miedo a estos aviones militares de transporte que a los soldados de Saddam Hussein.

Salimos del hotel como a las cuatro y media de la mañana, llegamos a una base aérea en Jeddah, y aquí voy en un avión pollero. De Taif partimos hacia Dharán, que es lo más cercano al frente de batalla, donde supuestamente ya deberíamos de estar llegando. (Tan pronto como aterricemos planeamos irnos a la frontera con Kuwait.)

A veces, esta profesión se convierte en un juego casi suicida. Es siempre llegar al límite, ver hasta dónde podemos alcanzar. Sin embargo, olvidamos rápidamente los riesgos, nos creemos indestructibles, y es así cuando se cometen los errores.

Lo que me mantiene con fuerzas y con ganas inmensas de vivir es Paoli, mi hija adorada, que por supuesto no comprende en qué anda su padre. Acabo de ver unas fotos de ella que traje. Me dan ganas de llorar cuando las veo... Me muero de ganas de verla. Y sólo pensar en ella me da fuerzas para seguir adelante.

Tengo que salir bien de esto. Ella está siempre ahí esperándome, lista para acudir a mis brazos y jugar y reír.

Por las ventanas del avión entran unos rayos de sol. Es ella.

LA ENTREVISTA

Para mí todo empezó tres meses antes en Washington. Fui a entrevistar al presidente George Bush sobre su próximo viaje a Sudamérica, que lo llevaría a Venezuela, Brasil, Uruguay, Argentina y Chile. Inevitablemente caímos en el tema de la invasión iraquí a Kuwait. Saddam Hussein no se quería salir de ahí, a pesar de 13 resoluciones en su contra por parte de las Naciones Unidas. La guerra se avecinaba a pasos agigantados y no se vislumbraba una solución diplomática.

Así que, antes de terminar la entrevista, le pregunté a Bush lo que todos queríamos saber:

—¿Habrá guerra?

—Sigo abrigando la esperanza de que se llegue a una solución pacífica. Éste es un problema internacional... Sigo con la esperanza de que Saddam Hussein reconozca el hecho de que no puede permanecer en Kuwait y que salga pacíficamente de este país. Porque yo no quiero que se dispare un solo tiro. Seguiremos tratando de hacerlo por medios diplomáticos, pero la embajada norteamericana [en Kuwait] está asediada. Ciudadanos norteamericanos están siendo detenidos. Esta situación con los rehenes tiene que terminar y tiene que terminar ahora.

»No podemos premiar la agresión ni por una pulgada de terreno a un tipo que ha violado todas las sanciones de Naciones Unidas, que se ha reído del derecho internacional, que se ha reído de la comunidad internacional. Él se dará cuenta de que hay una fuerza muy sofisticada, apoyada por la voluntad de la comunidad internacional, para ver que él haga lo que debió haber hecho hace meses: irse de Kuwait.»

En el noticiero de esa noche del 29 de noviembre de 1990, desde los jardines de la Casa Blanca, dije que mi impresión era que la guerra estaba a la vista: «La cuenta regresiva está en marcha y sólo Saddam Hussein la puede parar».

Saddam no respondió: Estados Unidos y la Alianza Internacional iniciaron sus primeros ataques aéreos.

LA LLEGADA

Aterrizamos. El avión regresó a Jeddah y nuestro desconocimiento del idioma nos impidió saber qué falló. Se tardaron una hora aproximadamente en repararlo y después volvimos a partir. Cuando llegamos finalmente a Dharán, nuestra mala suerte continuó.

Poco después de registrarnos en el hotel e ir a nuestros cuartos, hubo una alarma de ataque de misiles iraquíes Scud. Se interrumpió el servicio eléctrico. Yo estaba desnudo en el cuarto a punto de bañarme; me puse una toalla blanca alrededor de la cintura y salí corriendo al pasillo.

Para mi sorpresa, nadie corría. Incluso vi a un par de periodistas que tenían la puerta de su cuarto abierta, pero evidentemente carecían de la menor intención de ir al refugio antiaéreo del hotel, que quedaba en el sótano. Habían vivido demasiadas veces ese mismo ejercicio que acaba con los nervios. Ante su calma, y el ridículo seguro que causaría vestido así en el refugio, regresé a mi cuarto, me puse mis *jeans*, tenis y camiseta y caminé hasta el sótano. Fue una falsa alarma.

Yo ya había tenido suficiente por un día, pero las sorpresas no pararon ahí. Entre la amenaza de un ataque y el alivio de haber llegado al hotel, no había notado un enorme ramo de rosas rojas en mi cuarto. ¿Rosas rojas en pleno desierto y durante la guerra? Sí, efectivamente. Deben haber costado una fortuna, pensé. Pero apenas su olor empezaba a invadir el cuarto cuando dos fuertes golpes sonaron en mi puerta. Abrí, creyendo que eran Marilyn o Iván, pero me encontré con dos árabes que no podían ocultar su facha de guardaespaldas o miembros de algún equipo de inteligencia.

Al verme se sorprendieron. Esperaban que Marilyn estuviera hospedada en ese cuarto. Por supuesto, las rosas no eran para mí. Provenían de un alto funcionario del gobierno de Arabia Saudita, cuyo nombre sólo identificaré como Mohamed.

El buen Mohamed nos ayudó en la casi imposible tarea de conseguir las visas de entrada, y aparentemente tenía planeado cobrarse el costo de los sellitos en los pasaportes. Sobra decir que Mohamed fue el mayor peligro que corrió Marilyn en toda la guerra; nunca pudo dormir tranquila en su cuarto y no era extraño verla a la medianoche recostada en los cómodos sofás del *lobby*.

KUWAIT LIBERADO: LOS PRIMEROS DÍAS

El camino a Kuwait se oscureció alrededor de las dos de la tarde. Era el 28 de febrero de 1991, un jueves. Durante la madrugada, el presidente norteamericano George Bush había anunciado un cese al fuego. La guerra quedaba atrás. Saddam Hussein estaba derrotado. Veríamos Kuwait, para el mundo, por primera vez en casi siete meses.

Un grupo de periodistas habíamos salido desde temprano de

Dharán, al noreste de Arabia Saudita, en una caravana de dos docenas de autos y camionetas, organizada por el gobierno saudí.

La primera parada, todavía dentro de Arabia Saudita, fue para abastecernos de agua y comida. Suponíamos que en Kuwait no habría dónde conseguir comestibles. Los siguientes cuatro días comeríamos de lo poco que compramos esa tarde.

Cruzamos la pequeña población de Khafji. Sólo veíamos los fantasmas formados por las luces del auto contra las paredes llenas de huecos por las balas. Khafji había sido escenario de la única batalla terrestre durante la guerra. Fue tomada por los iraquíes cuando todavía se pensaba que Saddam Hussein podría causar miles de bajas a la Alianza. Fue reconquistada, poco después, por el ejército saudita y un contingente árabe.

Entramos en Kuwait en una absoluta oscuridad. Las estructuras vacías que marcaban la frontera y que en un momento dado sirvieron de aduana y sitio de inspección migratoria, parecían absurdas en medio del desierto. Un grupo de soldados sauditas decidía arbitrariamente quién pasaba y quién no. A un lado de la carretera había cientos de camiones de carga y tráilers esperando el paso. En nuestra caravana iba un coronel del ejército saudita y un funcionario de alto rango del Ministerio de Información. Pasamos como un soplo.

Kuwait era negro. Todo negro. El humo proveniente de más de 500 pozos petroleros incendiados por las tropas iraquíes impedía que se filtraran los rayos del sol. Hacía frío.

En la segunda parada de la caravana, alguien había dicho «invierno nuclear», y no pude evitar un escalofrío ante la sospecha de que Saddam, en un gesto desesperado y sorpresivo, hubiera soltado una bomba nuclear antes de aceptar la derrota. Me tranquilizó darme cuenta de que en el aire había un rancio aroma de petróleo, y que la pintura del auto blanco en que viajábamos estaba tapizada con manchas de lluvia de aceite. Tenía las manos pegajosas.

Ya en el territorio kuwaití, el envidiable sistema de carreteras que tenía el emirato antes de la invasión del 2 de agosto de 1990 era sólo un sueño de mejores épocas. En la mayor parte del camino de la frontera saudita hacia la ciudad de Kuwait, tres de los cuatro carriles de la carretera estaban intransitables. Los cruzaban trincheras iraquíes, tanques enemigos destruidos y profundos hoyos causados por los bombardeos aliados.

Además, el viento que llevaba como un velo la fina arena del desierto, pocas veces nos permitió circular a más de 30 kilómetros por hora. Camiones con alimentos y hospitales rodantes formaban el ligero e incipiente tráfico hacia la capital.

Durante casi todo el camino intentamos seguir las huellas que dejaban los vehículos delante de nosotros. Nos habían dicho que tuviéramos cuidado con las minas dejadas por los iraquíes, y la advertencia nunca desapareció de mi mente mientras estuvimos en Kuwait.

No nos dimos cuenta de cuándo llegamos a Al-Kuwait, la capital liberada. Perdimos a los otros autos de la caravana. Nos parecía que no había una sola luz encendida en toda la ciudad. La copia fotostática de un viejo mapa de Al-Kuwait nos sirvió para llegar a la costa.

Ahí un transeúnte, un poco menos perdido que nosotros, nos enseñó cómo llegar a la embajada norteamericana. Suponíamos que la mayoría de las cadenas de televisión estadounidenses que llevaban equipos portátiles de satélite estarían cerca. En esa infundada sospecha descansaba nuestra esperanza de poder enviar la primera serie de informes desde Kuwait esa noche.

Sobre la carretera en la costa vimos a lo lejos una columna de luces. Era el hotel Internacional. Era un imán, la única señal de que en Kuwait algo estaba funcionando. El estacionamiento estaba iluminado y repleto de *jeeps* y camionetas con las claras señales de largas horas a través del desierto. Eran cerca de las siete de la noche.

Subimos a tientas al *lobby*. De pronto me pareció encontrarme a decenas de hermanos gemelos del personaje de cine Indiana Jones, con pañoletas al cuello, botas manchadas de lodo, chaquetas caqui, cuchillos al cinto. La mayoría eran periodistas caminando con linternas, como si tuvieran un propósito, como si hubiera a dónde ir.

Unas pocas velas sobre el suelo permitían ver en las puertas los primeros intentos de orden. ABC News, British Army, CNN. A veces eran calcomanías, otras sólo pedazos de cinta adhesiva con marcas de pluma. Pero en muchos de esos cuartos con nombre propio no había nadie. Eran sólo indicaciones de que la anarquía estaba resultando muy difícil de manejar, eran eructos de orden.

El ambiente era totalmente irreal. El hotel había sido ocupado por los soldados iraquíes, quienes antes de huir del país saquearon por completo el lugar. De la joyería del otrora elegante hotel sólo quedaban vidrieras rotas. Las puertas de otras tiendas en el *lobby* estaban forzadas. La recepción del hotel estaba vacía. La oficina del gerente tenía la puerta abierta, casi invitando a echar un vistazo.

No había gerente. Papeles tirados, blancos y rosas, rodeaban un escritorio de madera café oscuro con cajones semicaídos. Frente a la oficina, las tuberías estaban goteando, llenando de charcos los pisos de mármol del hotel. Teníamos frío. Ese día en Kuwait no se vio el sol. Era el primer día de su liberación.

Kuwait todavía escondía sus historias. Pero no había que rascar mucho para escuchar descripciones de violaciones, de asesinatos, casi todos precedidos por crueles torturas.

La primera noche en Kuwait resultó ser también una pesadilla periodística. Poco después de llegar a Al-Kuwait habíamos grabado, frente a la embajada estadounidense, las presentaciones que esa noche enviaríamos al noticiero Univisión. Los pocos teléfonos que localizamos y que funcionaban a través de satélite eran de los militares y filas de suplicantes periodistas hacían todo tipo de monerías para lograr uno o dos minutos en el teléfono.

Después de mucho batallar, nuestra productora, Marilyn Strauss, consiguió que ABC News se comprometiera a enviar por satélite el informe que habíamos grabado. Quedamos en estar listos para antes de la medianoche. Las improvisadas oficinas del ABC News estaban escondidas en el segundo piso del hotel Internacional. Tenían sólo uno o dos focos encendidos, la máquina de edición y el equipo de transmisión.

Llegamos media hora antes de la transmisión. Yo recordaba haber dicho en innumerables ocasiones que el mejor reportaje del mundo no sirve para nada si no llega a tiempo para el noticiero. No quería que me ocurriera. Dejé a Marilyn con la cinta y me fui a caminar por el hotel.

Hay momentos en la vida de todo periodista que son clave, que hacen y deshacen carreras, y ése era uno de esos momentos para nosotros. No podíamos fallar. Era el primer día de libertad en Kuwait, teníamos que transmitir desde ahí.

En medio de la oscuridad iba matando el tiempo y tranquilizando los nervios, revisando puerta por puerta. Periodistas, en su mayoría, se habían apropiado de los cuartos. No había que registrarse, no había que hacer nada más que entrar a un cuarto va-

148

cío y hacerlo propio. Muchos tenían el olor de la ocupación iraquí, las ventanas cerradas, las sábanas mugrientas y desordenadas.

Paré frente a uno, pero no me atreví a entrar. Al cuarto de al
lado estaba llegando una pareja cargando de sillas. Él tenía ganas
de hablar. Era uno de los trabajadores del hotel. Durante la invasión estuvo atendiendo a los iraquíes. Me explicó su estrategia de
supervivencia: había que hacer todo lo que ellos pidieran, evitar
hablar, pero sin parecer descortés, y jamás enfrentarlos.

Si uno seguía estas reglas al pie de la letra, no debería tener
problemas, a menos, claro, que fuera kuwaití o egipcio o sirio o
de cualquier país que estuviera luchando contra Saddam Hussein.
El país de origen podía ser una tabla de salvación o una senten-
cia de muerte.

Me contó también que en el cuarto al que yo no había querido entrar vivió un amigo suyo, palestino. Una noche vinieron
los soldados iraquíes y se lo llevaron por la fuerza. Nunca más supo de él. Mientras me contaba esto apareció de entre las sombras
una sonriente filipina. Era la primera persona que veía sin un
semblante sombrío esa noche. No era para menos.

Sin preguntarle, me dijo que en los últimos siete meses había
vivido escondida en el cuarto de su amigo. Cada vez que alguien
tocaba la puerta se escondía en el clóset. Siete meses vivió así, como Ana Frank. Antes de despedirme, ella me regaló un jugo. Era
de piña o de naranja, no recuerdo. Sólo me acuerdo de su cara.
Cuando me alejé, todavía estaba sonriendo.

Regresé a buscar a Marilyn. Quería sólo escuchar la buena
noticia, que el informe ya estaba en Miami, desde donde se trans-
mite el noticiero. Pero al verla supe que las cosas no iban bien.
La transmisión de satélite que precedía a la nuestra se había tar-
dado más de la cuenta, casi media hora más. Y tan pronto como

colocó la cinta de video en la máquina para enviarla, el satélite dejó de funcionar.

CNN nos salvó. Ellos pudieron enviar nuestros reportajes, vía satélite, a Miami. En ese entonces CNN era nuestra competencia en español, en Estados Unidos, pero se portaron como los mejores amigos. Dicen que costó nueve mil dólares esa transmisión; quizá, pero el informe llegó.

EL OASIS

A las dos y media de la mañana en Kuwait, ¿a dónde iríamos? Decidimos no aprovechar el «confort» del hotel Internacional. Manejamos hacia el aeropuerto; cerca estaría el Holliday Inn, el único con agua en toda la ciudad, según nos dijeron. Por supuesto, nos perdimos.

Miembros de la resistencia kuwaití estaban tratando de ejercer cierto control sobre la ciudad, y en uno de los improvisados puntos de revisión nos pararon dos de sus miembros. Yo manejaba; Marilyn y el camarógrafo, que se nos había unido, José Pérez, iban en el asiento de atrás. (Iván se había quedado en el hotel Internacional con otro equipo de Univisión, conformado por Guillermo Descalza y Gilberto Hume.)

Los kuwaitíes de la resistencia se acercaron a nuestro auto y uno de ellos me apuntó con la ametralladora que le colgaba del hombro. Querían ver nuestras identificaciones, pero uno de ellos no dejaba de apuntarme mientras buscábamos nuestras credenciales del gobierno de Arabia Saudita.

—Carajo, no la encuentro —decía en voz alta, mientras con el índice de mi mano izquierda intentaba hacer a un lado el cañón de la ametralladora. La ametralladora siempre regresó, como un columpio, a apuntar a mi pecho.

Les ofrecí unos chocolates que compré en Dharán, Arabia Saudita. No los quisieron. Querían ver mi identificación.

—Caray, ¿dónde está? —repetía.

Por fin, con un gran alivio, la encontré. Me sonrieron y nos dejaron pasar.

—¿Qué te pasa? —me preguntaron tranquilos Marilyn y José.

—Nada, nada —les dije mientras se me resbalaban las manos llenas de sudor en el volante. Sentía las gotas sobre la frente, tenía la camisa empapada.

Un poco más adelante se ponchó una de las llantas del auto. Tiritando la cambiamos. No era nuestro día.

Llegamos al Holiday Inn. Unos kilómetros más adelante podíamos ver algunos de los pozos petroleros incendiados por los iraquíes. El resplandor era tan fuerte que podíamos ver perfectamente todos los automóviles del estacionamiento. Estaba repleto, en su mayoría por los vehículos que decían «*Press*» o «*TV*» con cinta adhesiva sobre las puertas y techo.

Dentro del hotel, en el *lobby*, sólo había dos personas trabajando. Habían improvisado una recepción con una mesita en lo que antes había sido el bar. Sí había cuartos; como suponíamos había agua. Fría, pero había. Un lujo en Kuwait que había que pagar: 150 dólares la noche. No sabíamos si ellos trabajaban para el hotel o si sencillamente habían visto la oportunidad de hacer negocio redondo esa noche. No nos importó.

Pagamos en efectivo y subimos a unos cuartos con un rancio olor a quemado. Los iraquíes intentaron quemar el hotel, como casi todos los que había en la ciudad, antes de marcharse. En el caso del Holiday Inn no lo lograron del todo. Pero el humo había penetrado a casi todos los cuartos. En mi cuarto, una muy fina capa de hollín cubría desde la cama hasta los lavabos.

Por supuesto, no había electricidad. Prendí una de las velas que me dieron en la recepción, me metí al baño y abrí la llave del agua. Me lavé la cara y al secarme, marqué de negro la toalla blanca. Me metí a la cama, vestido con la misma ropa y muerto de frío. No quise pensar más. Cerré los ojos y no supe nada hasta las diez u once de la mañana del día siguiente. Estaba tan cansado que esa noche no tuve fuerzas ni para soñar.

La celebración

El viernes primero de marzo fue la celebración. El sol había salido claro, brillante, desafiando el humo de los pozos petroleros incendiados. Desde temprano los kuwaitíes sacaron sus automóviles, subieron a sus familias, prendieron el radio y empezaron a circular frente a las embajadas norteamericana y británica.

Algunos kuwaitíes lograron salvar sus autos del robo iraquí escondiéndolos dentro de las salas de sus casas. Frente a la avenida que da a la costa hacían sonar los cláxones, algunos cantaban, sacando la cabeza por la ventana, varios otros disparaban al aire, con la pistola en una mano y el volante en la otra.

—¡*Thank you, thank you!*

Cualquier persona que pareciera extranjera recibía abrazos y besos. Los kuwaitíes llevaban siete meses encerrados y atemorizados. Éste era el momento de explotar. El sonido de los fusiles y las pistolas, tirando al aire; se confundía el estruendo con los gritos y las risas, la música y el llanto.

En medio de esta celebración había un grupo de mujeres vestidas de negro. Caminaban en silencio, muchas de ellas con niños tomados de la mano. Ellas representaban al Kuwait violado, al Kuwait que no sobrevivió, al Kuwait al que los iraquíes arrancaron el alma. Cada una de ellas había perdido a un esposo, a un hermano, a un hijo.

Caminando junto a ellas iba Henad. No tendría más de 16 o 17 años de edad. A su tío lo mataron los iraquíes frente a su casa, y por tres días le prohibieron a su familia tocar el cuerpo. El cadáver se quedó ahí, tirado; recogerlo hubiera significado otra muerte.

Junto a Henad estaba Adael. Me dijo que tenía 17 años de edad, pero parecía mayor. A su papá se lo llevaron por la fuerza a Irak hacía tres días. Sólo esperaba que los soldados iraquíes no lo hubieran matado en el camino y que pudiera escapar para regresar a casa. Ni Henad ni Adael podían celebrar. Se habían quedado a un lado de la calle, casi sin expresión en la cara.

Su mirada perdida la rompió un burro con una fotografía de Saddam Hussein en la cara. Recibía los golpes de odio de los kuwaitíes. Dos o tres manos jalaban con fuerza al asno; este Saddam no se les iba.

Mientras tanto el otro, el Saddam de Bagdad, luchaba por sobrevivir. El diario *Le Monde*, citando fuentes sin confirmar, informaba que Hussein estaba buscando asilo en Argelia. El secretario de Estado norteamericano James Baker aseguraba que nadie lloraría en Irak la partida de Saddam. En Estados Unidos lo querían acusar, como a Hitler, de criminal de guerra.

Yo escribí ese día: confusión, caos y una continua celebración caracteriza el segundo día de libertad de Kuwait tras la derrota de las fuerzas invasoras de Irak. Kuwait sigue siendo un país en tensión, no hay comida, ni electricidad, ni agua, ni medicinas… hay todavía soldados iraquíes, dispersos en el país, que no saben del cese del fuego… las minas siguen siendo un peligro, pero hoy nada ha evitado que por primera vez en siete meses los kuwaitíes salieran a celebrar.

LOS MUERTOS

Se ganó la guerra. Sangre por libertad. Pero sin duda no fue la sangre del emir de Kuwait la que se perdió en esta guerra. Tan pronto como supo de la invasión iraquí, el emir huyó a Arabia Saudita. Se fue sin defender su palacio. Sin embargo, su hermano sí lo hizo, y murió en el intento.

El hermano del emir no vivía en el palacio, pero cuando supo de la invasión, fue inmediatamente hacia allá. No encontró a su hermano, pero sí a los soldados iraquíes, que lo mataron. Fue el único miembro de la familia Al-Sabah que murió durante la invasión. El resto pasó la ocupación iraquí cómodamente protegido en un centro de recreo en la montañas sauditas.

Con los iraquíes huyendo era el momento de encontrar a los muertos. Recuerdo que la periodista italiana Oriana Fallaci, que inspiró a muchos corresponsales de mi generación, escribió en su primera visita a Kuwait, antes de la nuestra, que no encontró la muerte y destrucción que por siete meses reportó la prensa occidental.

Pero lo que yo vi no correspondía a las descripciones de la Fallaci. (Lo único de lo que me arrepiento de todo lo que hice durante la guerra del Golfo Pérsico fue el no haberme atrevido a platicar con Oriana Fallaci, quien se estaba quedando en el mismo hotel que yo en Dharán. Quería decirle que gracias a ella yo me había hecho periodista y que, gracias a ella, otra vez, yo estaba ahí, en la guerra.)

El reto periodístico en ese momento era muy claro. Había que encontrar lo que pareció obvio por tanto tiempo. Es decir, que los iraquíes masacraron por centenares a los kuwaitíes, y que la Fallaci y sus compañeros no pudieron ver en una primera expedición de periodistas a Kuwait, organizada por el gobierno de Arabia Saudita. Y lo encontramos de la forma más extraña.

A través de un doctor kuwaití supimos que varios de sus colegas fotografiaron a los kuwaitíes muertos, torturados y heridos durante la ocupación. Nos contó cómo los soldados iraquíes los dejaban tirados a la entrada de los hospitales. Esos médicos se jugaron la vida tratando de dejar constancia de la brutalidad de los soldados iraquíes.

Durante toda la mañana estuvimos tratando de localizar al médico que supuestamente recopiló todas esas fotografías. En ese intento fuimos al hospital Al-Sabah, a las afueras de la ciudad de Kuwait, y hablamos con su director, que estaba muy ocupado, abrumado de trabajo; en esa confusión le explicamos lo que estábamos buscando, pero me quedó la impresión de que no me entendió muy bien.

Se metió a su oficina y nos dejó esperando unos diez minutos; después volvió a salir y nos dijo que estaba bien, que nos iba a ayudar. Nosotros creímos que nos iba a mostrar las fotografías de los muertos, pero no fue así; lo que nos mostró fue a los muertos.

Fuimos con uno de sus ayudantes a la morgue que quedaba al lado del hospital. Abrió el candado que cerraba la puerta de metal, pintada de verde muy claro y oxidado. Lo que vimos después me dejó su marca como una de esas pesadillas cuyas imágenes no se borran aun después de mucho tiempo. Del lado derecho estaban los cadáveres de los soldados iraquíes, amontonados sobre el suelo.

Serían unos quince. Pero en esa mole de cadáveres, quizá como defensa al horror, lo primero que me llamó la atención fue un detalle muy superfluo. Al igual que muchos accidentes, la mayoría de estos iraquíes habían perdido los zapatos. Estaban arrumbados en una esquina, y los médicos kuwaitíes ni siquiera los miraban.

Al fondo estaban los muertos kuwaitíes, cada uno en una plancha metálica dentro de un gigantesco refrigerador, nunca antes había visto un muerto, y el primer cadáver que vi me pareció que tenía una extraña similitud con Saddam Hussein, sobre todo por el tupido bigote. Tenía barba crecida de uno o dos días y su cuerpo lleno de marcas de tortura.

El nombre de su torturador, en árabe, aparecía varias veces sobre la piel de su pecho, hombros y espalda. El segundo cadáver kuwaití tenía toda la cabeza quemada y apenas se distinguían sus facciones en medio de una masa café oscuro. El muerto en la plancha de al lado tenía un tiro en la cabeza, y al cuarto le habían sacado los ojos y cortado la lengua. Ése era el castigo para quienes no daban información a los iraquíes sobre los grupos de kuwaitíes que se resistían a la invasión. En promedio los muertos tenían entre 25 y 35 años de edad.

Lo que hizo la visita a la morgue aún más grotesca fue un médico kuwaití, muy delgado y vestido con una bata blanca, que disfrutaba con una sonrisa morbosa mi cara de espanto. Y cada vez que notaba una nueva monstruosidad sobre los cuerpos de los iraquíes me jalaba del brazo, la indicaba con un dedo y decía casi satisfecho: «*Look, look*».

Recuerdo que me amarré un suéter blanco alrededor de la cara para poder resistir el fuerte y penetrante olor de la morgue. Pero poco después notaría que toda mi ropa quedó impregnada de ese olor de carne descompuesta. El olor me siguió durante días, ya que no había agua para lavar la ropa.

LOS SOBREVIVIENTES

Al salir de la morgue, impresionados, prácticamente nos topamos con dos médicos del hospital Al-Sabah, y ellos nos hablaron de los sobrevivientes.

El doctor Hishan Al Nisef nos dijo que estaba atendiendo a una niña de diez años de edad. Los soldados iraquíes mataron a sus dos hermanas de 14 y 17 años de edad frente a ella. El doctor no creía que la niña pudiera recuperarse psicológicamente del trauma.

La historia de la doctora Mariam Al Ragem, jefa de enfermeras del hospital, se repitió muchas veces durante la ocupación. Una de sus enfermeras fue obligada a subir en su auto a un soldado iraquí. Horas más tarde fue encontrada violada en el desierto.

Después de hablar con muchos kuwaitíes me parecía que lo peor que les pudo ocurrir durante la ocupación no fueron los muertos, sino la pérdida del honor de sus mujeres. En la cultura árabe la violación sexual a mujeres casi no existe. Consideran a las mujeres como si fueran sus propias hermanas o madres.

Pero la invasión iraquí rompió ese acuerdo de honor entre hombres. Muchas filipinas y asiáticas que trabajaban en las casas de los kuwaitíes corrieron la misma suerte que sus amas.

La carretera de la muerte

Lo más cercano a una venganza masiva ocurrió el último día de la guerra. Cuando los soldados iraquíes fueron sorprendidos por los ataques de la Alianza, salieron huyendo hacia el norte, rumbo a Basora.

La playa de Al-Kuwait estaba llena de minas y artillería antiaérea. Los iraquíes esperaban que el primer ataque de la Alianza llegara por mar, y estaban preparados para ese escenario. Pero el mismo general norteamericano Norman Schwartzkopf explicó, en una presentación por televisión digna de recordar, cómo fue el ataque por la retaguardia. Por tierra o por mar. Al verse sin ninguna opción, los soldados iraquíes trataron de llegar a la frontera más cercana.

Pero nunca llegaron. En la carretera que conduce a Al-Mutla los encontraron los aviones de la Alianza y los despedazaron. Eran cerca de 10 kilómetros de destrucción ininterrumpida de vehículos militares, autos y camionetas robados a los kuwaitíes; querían huir con el botín de siete meses, desde ropa hasta televisores y lámparas. Cuando fuimos a filmar la llamada «carretera de la muerte», Marilyn y José se pasaron una buena parte del tiempo buscando cuchillos iraquíes, uno de los trofeos más preciados por los periodistas que cubrieron la guerra. Se llevaron una buena docena.

Los soldados iraquíes, por supuesto, no llegaron a ningún lado y muchos tuvieron que regresar a esconderse a la capital. Por días, varios escuadrones de la policía de Kuwait los estuvieron buscando y ajusticiando con saña.

Durante el tiempo que pasamos en Kuwait, la normalidad

siempre estuvo lejos. Poco a poco soldados de Kuwait y Arabia Saudita fueron reemplazando, en los continuos puntos de revisión militar, a los miembros de la resistencia kuwaití que valientemente desafiaron a los iraquíes.

Curiosamente, entre estos árabes escuché muchas veces una frase que antes sólo había escuchado a los judíos al hablar del holocausto: «Nunca más».

—No hay que olvidar esto para que no se repita —exclamaban.

Esos primero días, los kuwaitíes tomaron muy seriamente su intento de reconstruir el país y ponerlo en orden. Solos, sin el emir.

El regreso

Dos días después de que se fueran los iraquíes empezaron a funcionar las gasolineras y por una imprudencia casi nos vuelan la cabeza. Los kuwaitíes nunca han pagado por la gasolina, pero en esta ocasión el único precio que tenían que pagar era tiempo.

Las colas para poner gasolina se extendían por cuadras, y no era exagerado que un automovilista pasara hasta seis horas esperando. Nuestro auto casi no tenía gasolina, y muy a la latinoamericana, mostramos nuestras credenciales de prensa y entramos a la gasolinera por la salida. No podíamos esperar tanto tiempo, ya que esa tarde teníamos que regresar a Arabia Saudita.

Obviamente, a nadie le pareció una buena idea tener un poco de paciencia con los extranjeros porque, sin pensarlo, saltó un hombre de la oficina de la gasolinera, con un rifle cargado, y claramente decidido a dispararnos. Detuvimos inmediatamente el auto. Le explicamos nuestra prisa en un nervioso inglés que entendió con mala cara y nos dejó llenar el tanque del carro. Siempre me ha quedado la impresión de que ninguno de los kuwaitíes que llevaban horas esperando hubieran protestado mucho si nos hubieran disparado.

Antes de irnos, casi como recuerdo, queríamos pasar frente al palacio destruido del emir. Pudo haber sido una de las mansiones más lujosas del mundo, pero los soldados iraquíes se lo llevaron todo, desde espejos hasta tapetes. Menos mal que salimos bien de ahí. Un grito a José, nuestro camarógrafo, evitó que pisara una granada que había quedado son detonar.

Después de la victoria de la Alianza, por meses el emir de Kuwait no se atrevió a regresar a su país. Quizá quería regresar al lujo de sus cuadros y alfombras. Prometió reformas, pero pocos tenían fe en sus palabras. Nadie olvida que antes de la invasión había mandado disolver un parlamento semidemocrático. El futuro de la democracia en Kuwait era poco promisorio. El sistema autocrático de gobierno de los árabes ha sobrevivido muchas guerras durante varios siglos. Y ésta no parece ser la excepción.

El regreso a Dharán, Arabia Saudita, nos pareció fascinante. Estábamos muy satisfechos con nuestro trabajo, que después sería premiado con un Emmy. El hotel Internacional nos pareció el paraíso. Recuerdo que Mohamed —el funcionario árabe que nos consiguió las visas de entrada a Arabia Saudita y que lideró la caravana de periodistas a Kuwait— nos invitó al día siguiente a la casa de uno de sus amigos en Dharán.

Era una impresionante mansión con una enorme piscina techada, con varias salas, y en la recámara principal un *jacuzzi* tan grande como una alberca. Nos ofreció fumar una extraña mezcla de tabaco con plátano y otras frutas, que se filtraba a través

de agua hacia una larga manguera que terminaba en forma de
pipa. Fumamos un poco por cortesía y curiosidad. Y ahí también, en medio de nuestro asombro, Mohamed nos ofreció be-
bidas alcohólicas.

Había de todo; pedimos champaña. Luego nos advirtió que
si alguna vez contábamos que nos ofreció alcohol en una casa
árabe, lo negaría. Él no tomó.

A la mañana siguiente volamos de Dharán a Jihad, y esa misma noche a Nueva York. Tras pasar la aduana tuvimos que salir
de la terminal internacional hacia otra, donde tomaríamos el
avión hacia Miami. Se abrieron las puertas automáticas hacia la
calle. El invierno entró debajo de mi chamarra. Eran cerca de las
ocho de la mañana y nunca, en mi vida, había sentido una brisa
más fresca sobre la cara.

POSDATA

Desde que escogí esta profesión de periodista siempre había de-
seado ser corresponsal de guerra. La primera vez que me tocó
cubrir un conflicto bélico fue en El Salvador, pero un helicóptero militar que nos confundió con guerrilleros casi acaba con esa
ilusión.

En el Golfo Pérsico las cosas no eran muy distintas. Sabía que
cualquier cosa podía ocurrir; una bomba atómica o biológica, un
misil iraquí Scud, una mina en las playas de Kuwait, una granada en el palacio real, un kuwaití de la resistencia celoso de su deber, una bala perdida durante la celebración, un accidente.

En realidad, tenía mucho miedo de ir a la guerra en el Golfo Pérsico, pero después de varias semanas siguiéndola desde mi

escritorio en Miami, sentí que tenía que tomar la decisión y hablé con mi jefe, Guillermo Martínez. Él aceptó enviarme para cubrir la ofensiva terrestre.

Tomé mis precauciones. Hablé por teléfono con mi amiga Gloria Meckel, que es abogada, y le pedí que me ayudara a redactar un testamento. Paola, mi familia y mis temores eran lo único que tenía en la mente cuando lo redacté. Dos días antes de partir tuve mucho miedo y estuve casi ausente en mis conversaciones con mis amigos y compañeros de trabajo.

Pero en el fondo supe que tenía que ir. Desde muy joven quería tener un trabajo que me permitiera viajar por todo el mundo y ser testigo de sus cambios. Eso mismo es lo que tenía frente a mí y no lo podía dejar pasar. Nunca hay una segunda oportunidad. Nunca me arrepentí de haberlo hecho.

PAT BUCHANAN

La política del odio

Nunca he visto a Pat Buchanan en persona, pero a principios de marzo del 96 lo entrevisté, vía satélite, por televisión. Gracias a una de esas magias tecnológicas que se han convertido en lo cotidiano para los medios de comunicación, nos coordinamos para que yo le hiciera las preguntas en un estudio de Miami y él las contestara desde algún lugar en Carolina del Sur. Todo se haría en inglés porque Buchanan no habla ni pizca de español. Me parecía interesante conversar con alguien a quien tantos consideran un defensor del racismo.

Antes de comenzar la entrevista, le pregunté a Buchanan que si escuchaba correctamente; quería estar seguro de que no hubiera problemas de audio. Me contestó que sí me oía bien, pero inmediatamente después comentó: «Tienes un acento gracioso» [*You have a funny accent*]. Me preguntó de dónde era, le contesté que de la Ciudad de México y se echó a reír, incontrolable.

¿Por qué esa explosión de risa? ¿Por qué aquel comentario? Quise decir algo, pero me detuve. Mi trabajo era hacer preguntas, no juzgarlo ni convertirme en noticia. Además, pensé, el ver-

163

DETRÁS DE LA MÁSCARA

dadero color de Pat Buchanan debería surgir durante la entrevista. Y así fue.

La historia de ataques de Buchanan a los inmigrantes en general, y a los latinoamericanos en particular, no es nueva. Incluso, a los inmigrantes él les llama «José». Sobre los problemas migratorios en Estados Unidos, él escribió en 1984 lo siguiente: «La principal objeción a la actual inundación de inmigrantes ilegales es que no son gente blanca de Europa occidental que habla inglés, sino mestizos y negros que hablan español y vienen de México, América Latina y el Caribe». El comentario tiene claros tonos raciales y xenofóbicos, pero periodísticamente había que darle a Buchanan la oportunidad de defenderse.

Así que durante la entrevista leí ese párrafo y luego le pregunté si su problema con la inmigración en los Estados Unidos era la gente de piel morena que habla español. Y Buchanan, muy lejos de sugerir una disculpa, me contestó que «necesitamos un periodo sin inmigración legal para asimilar, americanizar y absorber a los inmigrantes que han venido… de manera que volvamos a ser una sola nación y un solo pueblo otra vez». A Buchanan, está claro, no le gustan los matices y le asusta un poco la diversidad. Si Buchanan se hubiera salido con la suya, gente como yo jamás habría llegado a Estados Unidos.

Me resultó extraño que alguien que tiene una maestría de la Universidad de Columbia, en Nueva York, tratara de destruir en unos segundos las sustanciales aportaciones de los inmigrantes a la cultura y economía de Estados Unidos. Pero no era la única ocasión en que Buchanan se manifestara en contra de los mestizos y los negros.

Una vez comentó por televisión nacional que si tuviera que escoger entre un millón de zulúes o un millón de británicos para habitar el estado norteamericano de Virginia, él preferiría a este último grupo. Según Buchanan, «sería más fácil que [los ingleses] se asimilaran, y causarían menos problemas al estado de Virginia». A pesar de lo anterior, Buchanan insiste en que no es un racista.

Buchanan y los otros precandidatos republicanos a la presidencia para las elecciones de ese noviembre de 1996, tomaron a los inmigrantes indocumentados como chivos expiatorios de los grandes problemas de Estados Unidos. Pero en sus discursos había un problema de matemáticas; las sumas y restas no les salieron. Según el Servicio de Inmigración y Naturalización, hay unos tres millones de indocumentados en Estados Unidos, pero ninguno de esos políticos puede explicar cómo menos de 2% de la población puede afectar tan negativamente a la economía más poderosa del mundo.

Cuando hablamos sobre el tema, Buchanan me comentó que el estado de California se está yendo a la bancarrota debido a los beneficios que reciben los inmigrantes indocumentados. Le atribuyó los datos al entonces gobernador Pete Wilson. Lo que no me dijo Buchanan es que hay varios estudios que demuestran que los inmigrantes aportan a la economía norteamericana mucho más de lo que toman en servicios sociales. Y tampoco se acordó de que el propio Wilson había sido acusado de contratar a una trabajadora indocumentada. Wilson y Buchanan a veces suenan como compadres. Quizá se están cuidando las espaldas. ¿Cómo sería Estados Unidos con Buchanan de presidente y Wilson de vicepresidente? Mejor hablemos de otra cosa.

Tengo mi escritorio lleno de recortes de periódicos y revistas en que aparece Buchanan atacando a mexicanos, japoneses, ambientalistas, homosexuales, sobrevivientes del holocausto, feministas, empresarios... no tiene caso seguir con la lista. Más que proponer un proyecto de país, Buchanan se ha distinguido por sus ataques a los sectores más vulnerables de la población. Es la política del odio.

Y el candidato del odio no obtuvo los resultados que esperaba. Bob Dole se convirtió fácilmente en el candidato republicano a la presidencia (aunque luego perdió frente a un Clinton reforzado). Pero lo que sí es muy preocupante son los millones de personas que comulgan con las ideas excluyentes y extremistas de Buchanan.

Seguramente a Buchanan le pareció extraño mi acento en inglés o quizá ni siquiera me entendió bien. Pero no le queda más que reconocer que en Estados Unidos se hablan 326 lenguas, además del inglés. Y eso genera acentos e influencias culturales de todo tipo.

Buchanan quisiera un país uniforme, blanco anglosajón. Él, por ahora, está casi acabado en el mundo de la política. Pero sus ideas han prendido y ya hay otros que vienen detrás de él. Por eso no es extraño que muchos inmigrantes piensen que Estados Unidos corre el riesgo de dejar de ser esa nación tolerante y abierta que tanto habían imaginado.

César Gaviria

El revolcón

Bogotá, Colombia. Me encontré al presidente de Colombia, César Gaviria, con su sonrisa planchada, permanente, en uno de los largos pasillos del palacio de Nariño, en Bogotá. A principios de junio de 1994 caminaba con dificultad, con la ayuda de muletas, junto a una de esas gordas deliciosas que pinta Botero. Llegó a su silla con un respiro. Dos de sus asistentes lo ayudaron a sentarse y empezamos a platicar. Sí, lo operaron del pie derecho. No, no es nada serio. Para antes del mundial ya estaría de nuevo en forma.

La imagen de Gaviria con muletas contrastaba con la de su fortaleza en las encuestas. Las últimas que había leído indicaban que 87 de cada 100 colombianos pensaba que había hecho un buen trabajo. Es uno de los presidentes más populares en la historia de Colombia. Pero para él fueron cuatro años cuesta arriba. Gaviria llegó a la presidencia en 1990 tras una campaña en que tres candidatos presidenciales fueron asesinados. Los narcotraficantes tenían agarrado del cuello al país con bombas y asesinatos.

167

—Ésos eran los tiempos de una Colombia que se sentía al borde del abismo —me confió Gaviria—. La democracia [estaba] en peligro.

«Gaviria *vs.* Gaviria» hubiera dicho el cartelón si el principal reto de su presidencia se hubiera definido en términos boxísticos. César Gaviria contra Pablo Escobar Gaviria. Las apuestas, al comenzar la pelea, favorecían al narco. El presidente, decían los conocedores, tenía una misión imposible. Sus éxitos o fracasos serían medidos en el cuadrilátero de la lucha contra el narcotráfico. Ésas eran las reglas del juego.

Por eso el presidente reconoció que, en términos de percepción, el momento más bajo de su mandato fue en julio de 1992, cuando Pablo Escobar Gaviria, el líder del cártel de Medellín, se escapó de la cárcel. Y el más alto cuando el narcotraficante cayó acribillado por las fuerzas de seguridad a finales del 93.

—Lo uno fue una cosa infortunada. Lo otro un gran éxito —apuntó sin dejar de sonreír—. Sobre todo fue un gran triunfo simbólico para demostrar que en Colombia no había organización criminal, por poderosa que fuera, que estuviera en capacidad de desafiar al Estado colombiano.

Colombia es quizá uno de los países más malentendidos del mundo. Los colombianos se quejan, y con razón, de que cada vez que alguien habla de su país se refiere al narcotráfico y a la violencia. Sí, por muchos años en Colombia ha habido proporcionalmente más asesinatos que en cualquier otra parte del mundo y el 80% de la cocaína que circula por el orbe pasa por aquí. Pero ésa es una imagen simplista e incompleta. Por ejemplo, más allá de sus flores, café, futbol y petróleo (que son calidad A-1, como dicen los colombianos), Colombia había sido el único país de América Latina con un crecimiento económico superior al

4%, en promedio, en las últimas dos décadas (hasta que llegó Samper al poder). Y durante la presidencia de Gaviria, la inversión extranjera se disparó y la inflación cayó por cuatro años consecutivos.

El *revolcón* es el término con el que Gaviria bautizó a la serie de cambios que quería hacer en el país. Me explicó:

—Tratamos de cambiar todas las reglas de la política y la economía al mismo tiempo, y eso funcionó... el país estaba en ánimo de modernización.

Sus críticos aseguran que sus políticas neoliberales generaron un millón más de pobres. Gaviria dice que esas cifras no tienen ninguna documentación válida.

—En Colombia lo que pasa es que el problema de la pobreza se ve más porque el problema de la violencia se ve menos —me dijo—. No es por otra razón.

Gaviria logró también negociar la paz con varios grupos guerrilleros, pero se fue de la presidencia sin dar la mano a los líderes de la Coordinadora Guerrillera Simón Bolívar. Sin embargo, él no lo consideró un fracaso y nunca se disculpó:

—Lo que pasa es que para la paz se necesitan dos.

El *revolcón* de Gaviria también promovió cambios generacionales y de género. El gobierno de Gaviria colocó a más mujeres en puestos de importancia que casi cualquier otro régimen del área. Pero lo que más llamaba la atención era la juventud de sus principales asesores y colaboradores. El presidente, a sus 45 años, parecía el mayor de un grupo que la prensa colombiana gustaba llamar «el kínder de Gaviria».

Parte del «kínder» se fue a Washington. Tras dejar la presidencia, Gaviria se convirtió, con el apoyo explícito de Estados Unidos, en secretario general de la Organización de Estados Americanos (OEA). Todo indicaba que Gaviria también quería llevar su *revolcón* al esclerótico organismo internacional.

Éstas son algunas de sus opiniones:

Sobre el narcotráfico y Estados Unidos: «El precio de la cocaína sigue fuerte porque hay mucho consumo en Estados Unidos y en países europeos. Aquí [en Colombia] hay tráfico de drogas, sí, como hay consumo en Estados Unidos. Estados Unidos es un país mucho más poderoso... y a ver, ¿mucha eficiencia? No. Tienen grandes problemas.»

Sobre Cuba y Fidel Castro: «Yo tengo una muy buena relación personal con Fidel Castro... y yo he creído que si queremos que Cuba cambie, tenemos que hablar con los cubanos, con el jefe de gobierno, estimular el cambio político y económico de Cuba. Yo he creído que ésa es una actitud útil.» Gaviria no le llama dictador a Castro ni dictadura a su régimen. Es una «sobresimplificación», me dijo.

Sobre las críticas a la ineficacia de la OEA: «Lo que le ha pasado a la OEA es que el mundo está cambiando tan rápido, y América está cambiando tan rápido, pues que no alcanza a cambiar a la velocidad que cambian los países... la gente, los países quieren que la OEA refleje los nuevos problemas del continente.»

César Gaviria no tenía aspiraciones presidenciales. A él no le tocaba. Pero la historia cambió cuando asesinaron a Luis Carlos Galán en agosto del 89. Durante el entierro, el hijo de Galán (de sólo 17 años de edad) le pidió a Gaviria: «Salve a Colombia».

¿La salvó?

DE PROBLEMAS INTRATABLES

Washington, D. C. Nunca es fácil hacer hablar a César Gaviria.
Pocos como él conocen tan bien los secretos de los personajes
que hacen noticia en América Latina y pocos como él guardan
tan bien los secretos. Por eso Gaviria se ha ganado la confianza
de líderes tan dispares como Fidel Castro y Bill Clinton. Y si Cuba y Estados Unidos buscaran algún día un acercamiento, ¿quién
creen ustedes que pudiera ser el intermediario?

Me reuní con Gaviria, en marzo del 98, en su enorme oficina de la Organización de Estados Americanos (OEA), parado detrás de su escritorio, comiendo rápidamente un plato con melón;
no le había dado tiempo de salir a almorzar. Eran casi las cuatro
de la tarde y una docena de los principales periódicos y revistas
de todo el continente estaban sobre su mesa de trabajo, vírgenes,
aún sin ser leídos. Su corbata no llegaba a cubrir el botón del
cuello de su camisa. Así le gusta, sin nada que apriete; ni en la
ropa ni en la política.

Inicié la conversación hablando de la OEA, una institución
que acababa de cumplir 50 años, que muchos han criticado por
estar dormida y a la que Gaviria trató de inyectar nueva energía.

—Muchos creen que la OEA no sirve. Incluso hay quienes
dicen que sólo se la pasan dando cocteles… ¿Para qué sirve la
OEA?

—Sirve para enfrentar muchos de los problemas que los países tienen hoy. Actualmente hay tanta interdependencia y tanta
globalización que los países han empezado a utilizar más las instituciones para que los apoyen en los procesos de comercio, del
medio ambiente, o en los problemas de corrupción, o en los pro-

blemas del narcotráfico... [En la OEA] hemos apoyado los grupos de trabajo para la creación de la zona de libre comercio, sacamos una buena convención contra la corrupción (la primera en el mundo)... La OEA ha ayudado a defender la democracia en Guatemala, en Haití, en Paraguay, en Perú... eso es un poco de lo que hacemos hoy.

—¿Qué posibilidades hay de que la OEA reemplace el proceso de certificación [en la lucha contra las drogas] de Estados Unidos, que ha sido fuertemente criticado en América Latina? ¿Se podrá?

—Yo creo que se va a avanzar pronto hacia un mecanismo de evaluación multilateral... Cada año [la OEA] haría una comparación entre los que son los objetivos [contra las drogas] de los países y sus logros [incluyendo a Estados Unidos].

—Usted tiene la visión global de todo el hemisferio. ¿Estamos perdiendo la guerra contra el narcotráfico?

—Bueno, ésa es una guerra en que todos los días se gana un poco y se pierde un poco. Es un problema relativamente intratable en el sentido de que nunca se termina y nunca hay éxitos absolutos. Pero tampoco se puede bajar la guardia. Yo he visto, y personalmente he tenido experiencias bastante amargas, que cuando un país baja la guardia en esos temas, pasa muy malos momentos.

—Déjeme hablarle un poco de las críticas [a Gaviria y a la OEA]. Dos terceras partes del presupuesto de la OEA dependen de Estados Unidos...

—Bueno, como la mitad.

—¿Y eso no genera una presión enorme para hacer lo que Estados Unidos quiera?

—Bueno... yo no he visto que hasta ahora eso ponga en peligro el equilibrio político de la organización. Y aquí más que en Naciones Unidas; aquí no hay Consejo de Seguridad. Aquí hay igualdad en términos jurídicos (con un voto por país).

—Pero, por ejemplo, en el tema de Cuba, la mayor parte de los países de América Latina están a favor de tener relaciones con Cuba; sin embargo, Estados Unidos no lo quiere así [y el gobierno de Cuba no es parte de la OEA]. ¿No está aquí imponiéndose Estados Unidos?

—Aquí hay una política de consenso. Cuba fue suspendida [de la OEA] a principios de los años sesenta y Cuba no ha pedido su reingreso y los países, en cierta forma, tampoco, porque en general todo el mundo entiende que hay un camino por recorrer... El tema se paralizó y se frenó un poco como consecuencia de la tumbada de los aviones [las naves norteamericanas derribadas en 1996 por Migs cubanos]. Pero creo que a propósito de la visita del Papa (a Cuba) y de la solicitud de que Cuba se abra al mundo y el mundo se abra a Cuba, esos temas se están volviendo a discutir con intensidad. Y se está viendo qué rol puede jugar la OEA en buscarle una solución al problema político más importante que hay en este hemisferio.

—¿La OEA no está coja por dejar fuera a Cuba?

—Sí, por la suspensión, por los problemas que ha tenido con Estados Unidos y porque también los países quieren ver más libertades públicas en Cuba.

—Los cubanos (y acabo de estar en Cuba hace unas semanas) dicen que su sistema es democrático, que ellos tienen una democracia. ¿Usted cree que Cuba es una democracia?

—No, ellos hacen elecciones con altísimos resultados, pero no a la manera como nosotros las entendemos aquí en la OEA con participación de la oposición. Tiene que haber oposición y tiene que haber alternativas para la oposición. No es suficiente hacer elecciones; hay que abrir un espacio para la oposición.

—Uno de sus principales críticos es el congresista [norteamericano] Lincoln Díaz-Balart. Y él dice (y se los voy a citar) que el «secretario general de la OEA, César Gaviria, es un títere de Clinton [que] se dedica a hacer negocios con Castro, a defender a Castro, a alabarle todos los horrores a Castro; debería renunciar».

—Bueno, yo en cierta forma me siento satisfecho de que el gobierno de Estados Unidos hubiera apoyado mi elección... El congresista [Lincoln Díaz-Balart] vive usualmente mal informado sobre cómo el secretario general [de la OEA] toma mandatos de los gobiernos, no de ningún congresista en particular. Yo entiendo que él se molestó mucho porque el gobierno de Cuba colaboró en la liberación de un hermano que tuve secuestrado hace un par de años. Pero no puedo colocar a mi familia ante los odios o las antipatías de ningún congresista.

—Ya que usted menciona el tema, hay algunos congresistas [estadounidenses] que aseguran que debido a que Fidel Castro le ayudó personalmente a liberar a su hermano que fue secuestrado por la guerrilla colombiana, usted tiene un compromiso con el gobierno de Fidel Castro, y que por lo tanto no va a criticar ni a Castro ni las violaciones de los derechos humanos en la isla.

—No, mis puntos de vista sobre el tema de Cuba son viejos y conocidos, y además expresan en gran medida el sentir que hay en la OEA.

—¿Pero no es un compromiso personal el que usted tuvo con Fidel Castro?

—No, en absoluto, en absoluto, en absoluto.

—Creo que la primera entrevista que tuvimos fue hace varios años (pueden haber sido ocho años o más) y le pregunté si usted consideraba a Fidel Castro como un dictador, y se lo vuelvo a preguntar ahora.

—[Castro tiene] un gobierno de tipo autoritario, tiene una base que parte de unas elecciones; lo que pasa es que éstas son muy discutidas por mucha gente en cuanto a si son auténticamente democráticas... Es un régimen que es autoritario y que se ha prolongado a lo largo de los años. Pero tampoco se puede decir estrictamente que [Castro] sea un dictador, porque hay elecciones... Y creo que buscar soluciones en el problema de Cuba no es tratar de ponerlo todo en blanco y negro. Eso no resuelve nada.

—Déjeme saltar a otro tema, al tema de Colombia, del cual le he escuchado poco decir desde que es secretario general de la OEA. Usted por supuesto, fue presidente cuando hubo todas estas acusaciones de que la campaña [presidencial] de Ernesto Samper recibió seis millones de dólares del narcotráfico. Usted, como presidente de Colombia, ¿no supo absolutamente nada de eso? ¿No sabía que alguna de las campañas estaba financiada por el narcotráfico?

—Yo supe (y ésos son episodios conocidos) que había denuncias serias tres días antes de las elecciones. Puse en conocimiento de ello a las autoridades de mi país, al fiscal general, hice identificar las voces de las personas que aparecían en unas cintas, y pues lo demás es conocido. Un día después de las elecciones se desató el proceso que todo el mundo conoce y tres o cuatro semanas después dejé la presidencia de Colombia.

—¿Usted está convencido de que no hubo dinero del narcotráfico en la campaña de Samper?

—No, no, no. Eso está probado, está probado que hubo

dinero del narcotráfico. Es algo que nadie en Colombia cuestiona.

—¿Usted está convencido de que hubo dinero del narcotráfico?

—Eso se comprobó en los procesos y hay personas en la cárcel por esa situación.

—¿Samper sabía? Según usted, ¿Samper sabía?

—Eso es lo que nunca se probó de manera suficiente, que el presidente de Colombia sabía. Yo entiendo que el Congreso falló porque no encontró pruebas que considerara suficientes, así haya personas o gobiernos que tengan convencimiento de tipo íntimo. Pero no es lo mismo un convencimiento que una prueba.

—¿Usted cree que Samper es inocente?

—Bueno, el Congreso de Colombia dijo...

—No, no. El señor César Gaviria, el secretario general de la OEA, el ex presidente de Colombia, ¿cree que Samper es inocente?

—No importan mis convicciones.

—Pero sí importan, porque usted fue presidente en la época en que esto supuestamente ocurrió.

—No, yo no sé si el presidente de Colombia sabía o no sabía.

—¿Usted no sabe?

—No.

Andrés Manuel López Obrador siempre estuvo seguro de dos cosas: que había un complot para evitar que él llegara a la presidencia y que, según sus cálculos, de todas formas ganaría la elección presidencial. En nuestra última conversación unos días antes de los comicios, me aseguró que llevaba «10 puntos» de ventaja sobre Felipe Calderón.

Felipe Calderón me sorprendió al confesarme que era «un pecador estándar» y que, aunque defendía la vida, aceptaría la decisión de una mujer de abortar si la ley mexicana lo contemplaba. Siempre supo que el candidato a vencer era López Obrador y nunca, nunca, le quitó el ojo de encima.

Evo Morales, el nuevo presidente de Bolivia, no aguantó las preguntas. Así de sencillo. No está acostumbrado a que lo cuestionen. Me habían ofrecido, al menos, 10 minutos de entrevista. Nunca llegamos. Se levantó de su asiento, se arrancó el micrófono y me anunció que la entrevista se había terminado.

Daniel Ortega, el ex presidente de Nicaragua, se ha reinventado muchas veces. Sigue con su retórica antiimperialista y antinorteamericana. Sin embargo, sus posiciones políticas se han moderado. Se casó por la religión católica y ha tenido un notable acercamiento con la Iglesia. Todo, desde luego, antes de las elecciones presidenciales.

Ollanta Humala, el candidato presidencial de Perú, fue una víctima de la boca del presidente de Venezuela, Hugo Chávez. Ollanta iba adelante en las encuestas, pero una vez que Chávez empezó a apoyarlo públicamente, la candidatura de Ollanta se desplomó. Perdió en la segunda vuelta ante el ex presidente Alan García.

En Camagüey, durante la histórica visita del sobreprotegido papa Juan Pablo II a Cuba en enero de 1998. (Cortesía Univisión.)

Clinton en Buenos Aires, Argentina, el 16 de octubre de 1996, durante el primer programa de televisión en la historia en que un presidente norteamericano conversa, vía satélite, con jóvenes de todo el continente. (Cortesía Univisión.)

El día en que Kuwait fue liberado de la invasión iraquí, a finales de febrero de 1991, los soldados de la alianza internacional bajaron la guardia y algunos acabamos sentados en sus tanques.

El subcomandante Marcos nos dejó esperando 30 horas antes de poder entrevistarlo
en la selva Lacandona. La entrevista en marzo de 1996 comenzó tensa, con Marcos
armado y varios rebeldes rodeándonos. Pero después el «sub» se aflojó y habló sin
prisa de Salinas de Gortari, Zedillo, los zapatistas y el futuro de su movimiento.

A los pocos segundos de comenzar nuestra entrevista —durante la primera Cumbre Iberoamericana en Guadalajara en julio de 1991—, Fidel Castro trató de poner su brazo sobre mis hombros. Pero tan pronto lo sentí me hice a un lado. Eso no le gustó ni a él ni a sus guardaespaldas. Cuando le pregunté sobre la necesidad de realizar un plebiscito en Cuba, se acabó abruptamente la conversación. (Cortesía Univisión.)

A Daniel Ortega lo conocí como presidente y ex mandatario. Pero nunca lo vi perder esa calma fría del guerrero perseguido. Ni cuando le pregunté —a finales de 1996— sobre la sospechosa adquisición de la casa donde vive, ni cuando tuvo que responder a las acusaciones de abuso sexual que le hizo su hijastra Zoilamérica N. váez.

En una de sus últimas entrevistas, antes de dejar el poder, Violeta Chamorro se quejó de la prensa internacional por no reconocerle parte del crédito en la transición pacífica a la democracia en Nicaragua. Nuestra última plática fue en octubre de 1996. Le encantaba usar este sillón para las entrevistas —con las piernas levantadas—, ya que sufría de osteoporosis.

La primera vez que entrevisté a César Gaviria, en el verano de 1990, él se había convertido en candidato del Partido Liberal tras la muerte de Luis Carlos Galán. Su vida y la de su familia corrían peligro, pero me sorprendió que nunca dejó de sonreír durante nuestra conversación.

Cuando le mostré al presidente colombiano Ernesto Samper una fotografía en la que aparecía con dos supuestos narcotraficantes, reaccionó diciendo que el retrato era un «fotomontaje», pues su brazo «le da vuelta al salón y regresa». (Cortesía Univisión.)

El 7 de julio de 1997, un día después de ganar las elecciones para alcalde de la Ciudad de México, Cuauhtémoc Cárdenas se enfrentaba a dos retos: cómo solucionar los enormes problemas de una de las metrópolis más grandes del mundo y cómo parecer presidenciable para el año 2000, sin decirlo.

Cuando le pregunté a Octavio Paz en Miami —en la primavera de 1996— lo que pensaba sobre el *espanglish*, esa combinación del inglés con el español, me dijo: «El *espanglish* no es ni bueno ni malo, sino espantoso». Luego inevitablemente hablaríamos de Castro y de México. Fue una de sus últimas entrevistas. (Cortesía Univisión.)

Conocí a Isabel Allende de leer su libro *Paula*, el cual me ayudó mucho para sobrellevar la muerte de mi padre. Isabel habla sin pelos en la lengua y con el corazón en la mano. (Cortesía Univisión.)

Después de perseguirlo durante casi seis años —gritándole preguntas y recibiendo respuestas a medias—, por fin me senté a platicar en una entrevista formal con Carlos Salinas de Gortari un par de días después de las elecciones presidenciales de 1994.

La entrevista realizada en Los Pinos —junto con María Elena Salinas— comenzó bien hasta que le preguntamos al presidente Ernesto Zedillo sobre su relación con el ex presidente Carlos Salinas de Gortari. A partir de ahí todo se vino cuesta abajo. (Cortesía Univisión.)

ERNESTO SAMPER
El de anchas espaldas
(Y las acusaciones de Botero)

Ernesto Samper asegura que los sucesos más importantes de su carrera política ocurrieron a sus espaldas. Samper, sin duda, debe tener las espaldas más anchas que cualquier político en la historia moderna de Colombia.

Tengo la ligera impresión de no simpatizarle a Ernesto Samper. Las cuatro veces que hemos hablado, —una de ellas vía satélite— acabamos como gallos de pelea; yo presentándole evidencia tras evidencia de que su campaña electoral de 1994 recibió seis millones de dólares del cártel de Cali y él negándolo todo. Sobra decir que nuestras conversaciones nunca han sido agradables.

La primera vez que lo vi, Samper andaba de fiesta. Era la noche del domingo 30 de mayo de 1994, en Bogotá, momentos después de saber que había vencido por 20 mil votos a Andrés Pastrana en la primera vuelta de las elecciones presidenciales. El equipo de Pastrana ya tenía en su posesión unos *narcocasetes* que comprometían a Samper con el narcotráfico; estaba grabada una plática telefónica de Gilberto Rodríguez Orejuela, el líder del

177

cártel de Cali, con Alberto Giraldo, su contacto con los samperistas, sobre cómo financiar la campaña. Pero si Samper estaba enterado de eso, lo ocultaba muy bien.

El lunes siguiente, por la tarde, anduve persiguiendo al candidato ganador hasta que lo encontré en su apartamento. Sin cita previa, presioné por una entrevista diciendo que Pastrana ya nos la había dado y que no queríamos transmitir nuestro reportaje para la televisión norteamericana sin su punto de vista. Cedió. En la sala había reunión de mujeres tomando café, así que instalamos la cámara en el patio, a un lado de su estudio.

Dos cosas me quedaron grabadas de ese encuentro. Primero, que llegó muy alegre y me dijo, en tono de broma, que no dudara en llamarlo «presidente» (aunque estaba claro que una segunda vuelta sería necesaria). Nos reímos para romper el hielo. La otra es que, sin solicitarlo, me presentó al responsable de evitar que en su campaña entrara el dinero del narcotráfico. Me pareció un poco extraña la presentación de su «fiscal ético», innecesaria, pero supuse que era una cuestión de cortesía y no le di mayor importancia.

Obviamente él tenía otras preocupaciones en la cabeza y yo no supe captar de qué se trataba. Desde entonces Samper, aparentemente, ya estaba pensando en su estrategia de defensa frente a las acusaciones que venían.

Y ni siquiera había asumido la presidencia.

Las denuncias contra Samper por haber usado fondos del narcotráfico en su campaña fueron la constante a lo largo de toda su presidencia. Y como decía uno de mis maestros de la Universidad de Miami, Samper resultó ser «insumergible». Hubo varios intentos para obligarlo a renunciar, pero en el Congreso colombiano siempre tuvo aliados clave que debían su puesto al presidente y que estaban embarrados hasta el cuello con dinero del narcotráfico.

Samper no cayó. Fue exonerado por primera vez por el Congreso. Pero el tesorero Santiago Medina y Fernando Botero Zea, el director de su campaña electoral, terminaron en la cárcel acusados de enriquecimiento ilícito, entre otros cargos. Samper, argumentando que si hubo dinero del narcotráfico en su campaña entró a sus espaldas, se estaba lavando las manos.

Parecía que Samper había salvado el pellejo, cuando recibí una llamada en enero de 1996. Botero Zea, desde la cárcel, iba a cambiar su versión de los hechos y a acusar al presidente Samper. Y estaba dispuesto a concederle una entrevista al noticiero Univisión.

Como dicen los colombianos, me toca contar cómo conseguimos la entrevista, cuyo contenido provocó una de las peores crisis políticas de la historia reciente de Colombia. Cuando Fernando Botero Zea dijo por televisión que el presidente Ernesto Samper «sí sabía del ingreso de sumas importantes de dinero del narcotráfico en su campaña», Colombia se sumió en un caos.

Las palabras de Botero pesan porque muy pocas personas han estado tan cerca de Samper; además de colaborar estrechamente en su campaña, fue su ministro de Defensa y amigo (hasta hace poco). Botero entró en la cárcel de la Escuela de Caballería del ejército, al norte de Bogotá, desde mediados de agosto de 1995. Llegó ahí porque la fiscalía general de Colombia quería saber si tuvo algo que ver en el manejo de fondos del cártel de Cali en la campaña presidencial de Samper.

Todo comenzó cuando el nuevo abogado de Botero, Fernando Londoño, nos comunicó por teléfono que su cliente y confidente quería hablar con Univisión. El principal temor que tenía es que la información se filtrara al gobierno. Sin especificar, Londoño nos hizo saber que Botero quería cambiar su declaración original e inculpar al presidente en el manejo del dinero de los narcotraficantes (antes de la segunda vuelta electoral). Sólo un puñado de personas se enteró de lo que queríamos hacer. Nos mordimos la lengua y guardamos el secreto.

Originalmente la entrevista se iba a realizar la tarde del domingo 21 de enero del 96. El plan era atractivo: el domingo nos encontraríamos periodistas haciendo guardia frente a la cárcel y ellos (Londoño y Botero) se encargarían de conseguirnos el permiso de la fiscalía para entrar. Pero a última hora todo cambió.

Varios ministros le solicitaron audiencia a Botero ese fin de semana. Además, el presidente quería cenar con él en la cárcel el domingo por la noche (pero tengo entendido que Samper nunca llegó, desaprovechando así la última oportunidad que tenía para evitar que Botero se retractara). Parecía que algo se estaba filtrando. Ni modo. Nos pospusieron la entrevista para el lunes.

Con mucha suerte conseguimos los últimos tres asientos en el vuelo de la noche de American —viajaba con una productora y un camarógrafo— y llegamos a Bogotá el domingo muy tarde. Nos dio la madrugada coordinando con Londoño (y con un ex colaborador de Botero) los detalles del encuentro.

El lunes prácticamente no salí de mi cuarto de hotel esperando instrucciones. Creíamos que algunos de los teléfonos podían estar intervenidos, así que inventamos una clave: la cárcel sería el «estadio», Londoño el «entrenador» y Botero el «jugador».

El 22 de enero, Fernando Botero haría sus declaraciones a la fiscalía —involucrando a Samper— y luego hablaría con dos medios de comunicación. Teníamos programado estar a las cuatro de la tarde en la puerta de la Escuela de Caballería (el «estadio»). Pero el «entrenador» nos mandó decir, con su tono suave pero enérgico, que no nos moviéramos del hotel hasta que él llamara. Así fue.

Dieron casi las siete de la noche. Y cuando creíamos que ya nada iba a ocurrir, sonó el teléfono. Con la palma de la mano derecha bañada en sudor, levanté el auricular. «Vengan ya», me dijo Londoño.

Gloria Zea —madre de Botero y ex esposa del famoso pintor— nos esperaba en la puerta de la prisión. Ella estaba en un mar de nervios. No sé que les dijo a los soldados que protegían la entrada, pero pasamos como rayo.

La estrategia de Botero y Londoño era dar una entrevista a la prensa nacional y otra a la internacional. Cuando llegamos, el «jugador» estaba hablando con Yamid Amat del noticiero colombiano CM&. Instalamos nuestras cámaras y micrófonos en un amplio salón frente al edificio del casino militar, ya dentro de la Escuela de Caballería. Ahí, en el segundo piso del casino, está la celda de Botero.

Pasaron cinco, diez, veinte, treinta minutos y Botero no salía. Mientras tanto Gloria Zea, Fernando Londoño y yo pretendíamos conversar sobre el resurgimiento del arte en Bogotá y la influencia francesa en Colombia. Bobadas. Todos comentábamos, pero creo que ninguno realmente estaba escuchando. Cada quien tenía sus preocupaciones: Gloria pensaba en la seguridad y en la vida de su hijo, Londoño en las graves consecuencias de las declaraciones de Botero al país, y yo en el *deadline* de las nueve y media de la noche para enviar la entrevista vía satélite a Estados Unidos (y al mundo).

La esposa, el hermano y varios de los más cercanos amigos de Botero entraban y salían de los cuartos de la Escuela de Caballería con cara de angustia. Parecían desorientados. Fernando Botero se la estaba jugando al hablar con la prensa y ellos lo sabían —quizá por eso lo denominamos el «jugador» en nuestro código de claves—. Luego me enteré de que la decisión de darle la espalda a Samper fue de toda la familia.

Terminó la entrevista con CM&. Botero —más delgado que la imagen televisiva que tenía de él— me saludó, pidió un breve respiro para descansar y desapareció por las escaleras. Nadie lo siguió. Había militares en el casino, pero lo dejaban moverse sin restricciones.

De pronto alguien gritó: «Ahí viene el ministro de Justicia». Todo el mundo salió corriendo. Fui a la puerta del casino y vi a lo lejos una caravana de varios autos que avanzaba rápidamente. «¡Carajo!», dije para mis adentros. Pensé que el gobierno ya se había enterado de que Botero estaba hablando con la prensa y que el ministro Carlos Medellín venía para hacer algo al respecto. Me escondí. No quería que el ministro, ni por casualidad, me reconociera.

Le pedí a Londoño que buscara a Botero y que lo llevara al casino, donde teníamos las cámaras, antes de que viniera el ministro. No sé cómo Botero se escabulló de donde estaba. Dejó al ministro esperando y se sentó frente a mí.

Había tensión en el ambiente, pero lo sentí tranquilo. Me dijo que, al igual que yo, él había nacido en la Ciudad de México. Aun bajo presión supo decir algo amable. Le aclaré, antes de comenzar, que no podía haber ningún tipo de condiciones para la entrevista y él aceptó. (Jamás le he dado un cuestionario por anticipado a ninguno de mis entrevistados.) La pregunta clave de la entrevista fue: «¿Según usted, el presidente Samper supo que había dinero del narcotráfico en su campaña?» Hablamos unos once minutos en español y cerca de tres en inglés.

—Me quedé callado durante todo este tiempo porque pensé que la forma de contribuir al país era no meterlo en un caos constitucional, en un caos político. Pero, la verdad, el país se halla en este caos y todos los días peor. La economía está afectada, la situación política es muy grave, incluso las relaciones entre Colombia y Estados Unidos se han visto afectadas.

»Entonces entendí que si antes yo pensé que mi silencio era bueno para el país, hoy entiendo que lo único que permite cerrar el capítulo y avanzar hacia el futuro es que yo cuente la verdad de lo que pasó en la campaña.»

—Según usted, el presidente Samper supo que hubo dinero del narcotráfico en su campaña.

—En la declaración que rendí el día de hoy, con tristeza, porque yo creo que ésta es una noticia que a mí no me da ninguna alegría decirla, creo que los colombianos recibimos esta noticia con tristeza, me tocó responder muy claramente a la pregunta: «¿Sabía o no sabía el presidente?» y tuve que contestar, con tristeza, que el presidente sí sabía del ingreso de sumas importantes del dinero del narcotráfico a su campaña.

—¿El presidente Samper estuvo personalmente involucrado en recibir dinero del narcotráfico y después distribuirlo?

—Yo no puedo contar detalles, porque en Colombia hay una figura [jurídica] que se llama la reserva del sumario. No puedo relatar lo que le conté a la fiscalía. Pero quiero decir que con tristeza hago la afirmación de que sí sabía y que tiene lamentablemente un compromiso muy serio con estos hechos irregulares que tuvieron lugar en la campaña.

—Si lo que usted dice es cierto, entonces ¿el presidente Samper, todo este tiempo, ha estado mintiendo?

—Sí, sí, naturalmente. En todo este tiempo ha habido una operación de encubrimiento, lo que en Estados Unidos llaman un *cover up*. Pero la verdad es que pasa el tiempo y pasa el tiempo y la enfermedad se sigue desarrollando, y la única curación, Jorge, lamentablemente, con tristeza, porque esto es doloroso, es la verdad.

—¿Cómo sabe usted que el presidente Samper estuvo personalmente involucrado, tiene evidencias, pruebas, estuvo en reuniones?

—Todo esto son temas que estoy en proceso de transmitir a la fiscalía general de la nación. Hoy empecé mi primera ampliación de indagatoria, pero seguramente será una diligencia que tome muchos días o varias semanas.

»No puedo contar detalles, lo único que puedo decir es que, muy a mi pesar y con gran tristeza, tengo que decir que sí sabía, que estaba enterado y que desafortunadamente la elección estuvo contaminada por esos dineros.»

—¿Hubo una campaña de encubrimiento?

—Sí. Un *cover up*. Una operación de encubrimiento.

—¿Dentro del gobierno del presidente Samper?

—Sí.

—¿Sus ministros estaban enterados? ¿Algunos de ellos?

—Algunos de ellos sí.

—¿Serpa?

—No voy a dar nombres en concreto.

—¿Pardo?

—Simplemente hay varios funcionarios que lamentablemente tienen ese tipo de responsabilidad, pero la situación del gobierno y del país no admite ningún remedio diferente que la verdad.

—Hace algunos meses usted dijo que si hubo dinero del narcotráfico [en la campaña] fue en contra de la voluntad expresa del presidente. Fueron sus palabras textuales, y que el presidente Samper era un hombre limpio. Primero defendió al presidente Samper y ahora lo ataca, ¿por qué?

—No, no lo ataco. De verdad...

involved

—¿No cree que decir que el presidente estuvo involucrado en recibir dinero del narcotráfico...?

—A mí esto me genera dolor, sinceramente. Yo quiero mucho al presidente Samper. De verdad que lo quiero, a él y a su familia. De verdad. Sinceramente lo quiero mucho.

faithfulness

»Lo que pasa es que hay un momento en que la lealtad que uno tiene con alguien tiene que estar subordinada a la lealtad que uno tiene con el país. Por más que yo lo estime a él en lo personal, entiendo que la situación política es tan grave, que la única salida es que se conozca la verdad, que el país asuma las consecuencias de esa verdad.»

—Pero entonces la gente se puede preguntar: «¿Cuándo mentía el señor Botero: cuando decía que el presidente era limpio y no había recibido dinero del narcotráfico, o ahora, que dice que el presidente sí estuvo involucrado en recibir dinero del narcotráfico?»

—Cuando yo renuncié, salí a defender al presidente, ¿por qué? Y salí a guardar silencio sobre los hechos de la campaña. Porque me parecía catastrófico para Colombia que se cayera un gobierno, que hubiera una crisis institucional, un caos político.

»Éste es un país que tiene muchos problemas. Tiene guerrilla, tiene narcotráfico, tiene un nivel de criminalidad muy alto, hay problemas en la economía. Yo pensé que si yo contaba cualquiera de estas cosas le estaba haciendo un gran daño al país.»

—O sea que mintió cuando usted decía que el presidente era un hombre limpio.

—Sí.

—Cuando decía que el presidente nunca recibió dinero del narcotráfico, ¿usted mentía?

—Sí. Yo estaba tratando de cubrirlo a él. Estaba tratando de que su gobierno no se viera afectado, hasta el punto de que estuve en la cárcel, y estoy en la cárcel en este momento, estoy en la cárcel por cuenta de esa lealtad que tuve con el presidente Ernesto Samper.

»Pero llegué a entender que ese silencio, en lugar de hacerle bien al país, le estaba haciendo daño. Yo he rectificado ese error y estoy diciendo la verdad, y aspiro a que con esa verdad el país salga adelante y logre realmente superar la crisis política.»

—Como director de campaña, ¿cómo era posible que no supiera que había dinero del narcotráfico en ella?

—A ver. Esto sucedió en los últimos días de la campaña. En los últimos diez días de la campaña. Yo empecé a entender que estaban pasando muchas cosas raras, sospechosas.

»Y al final logré oír los famosos *narcocasetes* y en ese momento entendí perfectamente. Clarísimamente, que había ingresado dinero del narcotráfico a la campaña. Luego yo, al final, sí sabía y lo estoy diciendo con esa claridad.

»Pero dicho esto, yo no fui el que tuvo la idea, no fui el autor intelectual, no repartí, no distribuí, no toqué, no tuve nada que ver con esos dineros. Pero sí tuve una gran responsabilidad, que es la responsabilidad de la omisión.

»Cuando me di cuenta de que estaba pasando eso, en lugar de haber actuado, en lugar de haber frenado, en lugar de haber hecho algo para detener, yo simplemente miré para el otro lado. No quise investigar lo que estaba sucediendo. Ése fue un gravísimo error. Lo reconozco. Les pido perdón a todos los colombianos, a todos los miembros de mi familia. Pero por lo menos hoy estoy en paz con mi conciencia porque he dicho la verdad, he aceptado mi responsabilidad y yo aspiro a que el presidente Samper también la pueda aceptar.»

—Pero ¿ usted estuvo involucrado en el manejo del dinero que provino del narcotráfico?

—De ninguna manera.

—¿En lo absoluto?

—En lo absoluto.

—Un solo peso colombiano…

—Ni un solo peso de eso lo manejé yo. En absoluto. Todo lo contrario. Cuando vino el nuevo gobierno, yo pedí ser ministro de Defensa. Yo pedí ser ministro de Defensa, sabiendo que la responsabilidad del ministro de Defensa era capturar y someter a los jefes del cártel de Cali.

»Y lo hice, precisamente, y lo pude hacer porque yo no había tocado ni organizado ni había tenido nada que ver con ese dinero. Lo hice pensando en que de pronto la forma más adecuada para borrar esa culpa era precisamente dándole un golpe contundente al narcotráfico, tal como yo lo hice.»

—¿El dinero provenía del cártel de Cali?

—Sí.

—¿Y se utilizó para la campaña del presidente Samper?

—Sí, una parte del dinero que se utilizó en la campaña tenía ese origen.

187

—Si no se hubiera utilizado ese dinero, cerca de seis millones de dólares...

—Bueno, en las cifras realmente hay mucha controversia. Yo no sé exactamente, pero digamos que una cifra importante...

—Si no se hubiera utilizado ese dinero, ¿hubieran perdido la elección frente a Andrés Pastrana?

—No lo creo, porque ese dinero fue utilizado para una parte de la campaña, para movilizar lo que se llama en este país la maquinaria política. Yo no creo en ese tipo de estrategia. Yo creo en la estrategia de las comunicaciones masivas, de la televisión. Yo creo que si la campaña se ganó, fue por eso. Yo creo que la incidencia que hubiera podido tener ese dinero fue marginal y no creo que hubiera afectado el resultado de las elecciones.

—Lo que usted dice ahora se parece mucho a lo que Santiago Medina dijo en un momento: que el presidente sí manejó dinero del narcotráfico. ¿Ahora coincide con este punto?

—Para expresarlo de esa forma, cuando Santiago Medina hizo lo que hice ahora, al principio no entendí. Y hasta reproché. Hoy he hecho mi paz interior con Santiago Medina y hay que reconocer que él fue el primero en señalar unas irregularidades que sucedieron en la campaña y el fiscal Valdivieso; el equipo suyo ha logrado destapar todo este escándalo y yo creo que eso es bueno para el país. A pesar de que yo sea víctima de eso, lo considero bueno para el país.

—¿Según usted, el presidente Samper sí sabía que hubo dinero del narcotráfico en su campaña?

—Sí sabía.

—¿Participó en el manejo de ese dinero?

—Samper de alguna forma participó. No puedo entrar en detalles por la reserva del sumario, pero hubo una participación.

—¿Lo coordinó?

—No puedo entrar en más detalles.

—¿Encubrió la operación después?

—Hubo un encubrimiento después.

—Y ahora, según usted, ¿el presidente Samper debe renunciar?

—No me corresponde a mí decirlo. Lo que yo hice hoy surgió de adentro, digamos, de mi conciencia. Yo me siento en paz conmigo mismo.

—¿Pero qué le pediría al presidente Samper ahora mismo?

—Yo creo que le presidente debe de actuar de acuerdo con su conciencia, pero pensando en lo que le conviene al país.

El epílogo de la entrevista fue así. Llegamos a las instalaciones de Inravisión para el envío por satélite. Temía encontrarme a alguien que nos intentara censurar o que, aduciendo un problema técnico, boicoteara la transmisión. Pero se portaron muy profesionales. Todo el material llegó a Miami. Dije *yes!* (no sé por qué en inglés) y celebré como esos jugadores de futbol americano cuando meten un *touchdown*. La mejor entrevista no sirve de nada a menos que se publique o transmita a tiempo.

Esa misma noche fui a la casa de Nariño, el palacio presidencial en la capital, porque me faltaba la otra parte de la noticia. Llegué tarde. Apenas pude escuchar las últimas palabras del discurso de Samper a la nación en que negaba las acusaciones de Botero. No aceptó preguntas de la prensa. Sus ministros le aplaudieron y él se fue.

Mientras los guardias de seguridad nos corrían de la casa de gobierno, una de las asistentes de prensa del presidente me man-

189

tuvo en un pasillo, me preguntó si yo era de Univisión y luego me pidió que esperara en una oficina. Regresó al poco rato y me dijo que el presidente quería hablar nosotros por televisión.

Nos llevaron por un largo pasillo que tenía al fondo una pintura de Fernando Botero, el padre de quien estaba acusando a Samper esa noche. Qué ironía. (Cuando regresé al palacio de Nariño meses después, la pintura de la gordita boterana ya había sido reemplazada.)

Samper nos recibió a la una de la madrugada del martes 23 de enero. Llegó sonriente. No daba señales de tener frente a sí una gigantesca crisis institucional y de credibilidad. Me mencionó que había interrumpido una reunión con sus ministros para hablar conmigo. Si lo mencionó para congraciarse, no funcionó. Le hice todas y cada una de las preguntas que tenía en mente. Se acurrucó sobre el brazo derecho de su silla y me dijo con aplomo que no iba a renunciar, que si su campaña recibió dinero del narcotráfico fue sin su consentimiento, y que Botero estaba mintiendo para salvarse. Punto. Su labio inferior estaba muy reseco, pero no lo sentí titubear.

—Esta tarde tuve la oportunidad de hablar con Fernando Botero, y me dijo: «El presidente Samper sabía que hubo dinero del narcotráfico en su campaña, participó en el manejo de ese dinero y después encubrió la operación». Esto lo está diciendo quien fue uno de sus mejores amigos, uno de sus mejores colaboradores, su ex director de campaña, ex ministro de Defensa...

—Bueno, el doctor Fernando Botero lamentablemente está mintiendo. Él mismo diseñó la campaña, para que fuera totalmente autónoma la parte administrativa de la parte política.

»Yo era el candidato. Yo tenía la responsabilidad política de la campaña. Él siempre tuvo la responsabilidad financiera y administrativa. El tesorero de mi campaña lo acusa precisamente a él de ser la persona que conocía los manejos de dinero.

»Y como quedó claramente demostrado en un proceso que se hizo en el Congreso de la República durante cuatro meses, no había la más mínima posibilidad administrativa ni financiera de que yo tuviera acceso a ese conocimiento, al cual sí, seguramente, tuvo acceso el doctor Botero.»

—¿Pero usted no es el responsable final de la campaña? ¿Cómo puede decir: soy candidato pero esto no me incumbe, esto no me preocupa?

—Es que yo recibía los cheques, no entregaba los recibos. Yo creé un comité ético que tenía la función de vigilar el origen de los recursos y de avalar el ingreso de fondos.

»Ese comité funcionaba precisamente dentro de la estructura administrativa de la campaña, y allí es precisamente donde se debieron saltar los controles, si es que hubo infiltración del dinero del narcotráfico.»

—Fernando Botero nos dijo esta tarde que mintió para defenderlo a usted, para que no hubiera un caos en el país. Pero que el país continúa en caos, y que su conciencia le dicta hablar. Y le está pidiendo a usted que su conciencia le dicte decir la verdad.

—No necesito que me lo pida. Ya mi conciencia me lo recomendó. Y desde hace mucho tiempo le dije lo siguiente: uno, que sí entraron dineros del narcotráfico a mis espaldas; dos, que en ningún caso, si hubo esa infiltración, produjo ningún tipo de compromiso de mi gobierno con el narcotráfico. ¿O usted cree que un gobierno que hubiera sido elegido con recursos del cártel de Cali tendría al cártel como lo tengo yo, preso en este momento en la cárcel?

—Sus críticos dirían que José Santa Cruz Londoño está fuera y que usted se opone a la extradición, que es una forma de pagar a los narcotraficantes.

—Por Dios. Ésos son los críticos más delirantes. Primero, el señor Santacruz se voló, pero lo vamos a coger. Y presos importantes se vuelan de todas las cárceles del mundo, lamentablemente me tocó a mí. A otros dos presidentes les han tocado cosas más complicados, como cuando se voló Pablo Escobar de la cárcel de la Catedral.

»Y sobre el tema de la extradición, yo he dicho algo muy sencillo: la extradición está constitucionalmente prohibida en Colombia. ¿Cómo puedo comprometerme a hacer algo que está prohibido por la Constitución que juré cumplir el día de mi posesión?»

—El señor Botero dice que usted está mintiendo ahora. Que lo está haciendo para defenderse, para mantenerse en la presidencia, y hemos llegado hasta el último eslabón de acuerdo con muchos. Estaba Medina, estaba Botero y luego está usted. Y aquí ya no queda nadie más. O está mintiendo usted o está mintiendo el doctor Botero. Uno de los dos tiene que está mintiendo. No pueden estar diciendo la verdad los dos.

—Sí, estoy totalmente de acuerdo, y por eso he señalado hoy que el doctor Botero (que está en unas condiciones bastante difíciles desde el punto de vista emocional y judicial) está mintiendo para salvarse. Porque lo que nadie puede entender es que una persona que era el director administrativo, que era el director financiero, que escogió al tesorero de la campaña, no tuviera nada que ver con lo que sucedió en esa campaña.

—Botero nos dijo esa tarde que pecó de omisión, que supo que esto ocurrió y que su pecado, su error, fue no haberlo dicho.

—Por Dios. Nos hubiera economizado muchos problemas.

192

Si él hubiera dicho eso hace un año, cuando comenzó todo este debate, quizá el país realmente no hubiera tenido los problemas que ha tenido.

—Pero ¿cómo es posible que su director de campaña lo sepa, su tesorero lo sepa, otras personas lo sepan, y usted como candidato no lo sepa? ¿No le decían las cosas o qué pasaba?

—No, es que yo no tenía la responsabilidad financiera. En primer lugar, yo no era...

—Pero son seis millones, señor presidente. ¿Cómo seis millones de pronto...?

—¿De dónde saca las cifras?

—Es la cifra que se ha dado generalmente...

—Ése es el primer problema. Es que asumimos como un dogma lo de los seis millones.

—¿Cuánto calcula usted que hubo de más en su campaña por cuenta del narcotráfico?

—No, es que no, yo tengo la versión de que no se ha establecido. Y lo que se ha demostrado en el curso de los procesos que se han desarrollado es que alrededor de la campaña hubo muchos intereses que pudieron estar, inclusive, utilizando la campaña para lavar dinero. Eso es lo que yo quiero que se establezca.

»¿Quién pide la primera investigación? Yo a la fiscalía. ¿Quién reitera que se abran los procesos que estaban cerrados? Yo. ¿Quién somete su nombre a la Comisión de Acusaciones para que su conducta sea examinada? Yo. O sea que la verdad en este proceso, el que ha venido impulsando y ha venido apoyando a la fiscalía soy yo.»

—Por otra parte, están todas estas evidencias que muchos consideran que son contundentes. Los *narcocasetes,* las conversaciones de Alberto Giraldo, su conversación telefónica con Elizabeth Montoya, las declaraciones de Santiago Medina y ahora de Fernando Botero. Muchos dicen, ¿qué más necesita el presidente Samper para renunciar?

—No, es que no se trata de qué más se necesita para renunciar. Yo lo único que necesito para renunciar es que mi conciencia me diga que debo renunciar. Y después de analizar todas esas evidencias, la única conclusión a la cual llego es que la verdad me exonera. Como me exoneró con la Comisión de Acusaciones.

»Y es que usted lo que tiene que entender es que en este país hemos pasado del *narcoterrorismo* a la *narcocorrupción*. Y yo acepto que en este país hay muchos intentos de infiltrar el dinero del narcotráfico en distintas actividades, no solamente políticas, económicas y sociales. Pero estamos combatiendo esa *narcocorrupción*. Y eso precisamente es a donde deben llegar las investigaciones.»

—Algunos creen que usted ha caído en algunas contradicciones y una que he encontrado es muy sencilla; es la siguiente: el 16 de septiembre [de 1995] dijo a Univisión, a mi compañera María Elena Salinas: «Yo creo firmemente en la inocencia y en la conducta del ministro Fernando Botero. Yo sigo firmemente convencido de la conducta del doctor Botero». Eso fue el 16 de septiembre. Y ahora el 23 de este mes (enero de 1996), nos dice que no, que Botero está mintiendo. ¿A quién le creemos? ¿Al Samper de entonces o al Samper de ahora?

—Pero usted sabe, como todos los televidentes de Univisión, que hay una regla universal que es la presunción de inocencia. ¿Cómo podría yo culpar a Botero antes de que él se confesara? ¿Cómo podía decir que era culpable si tenía que presumir su inocencia? Y la presumí hasta el momento que él dijo que no lo era.

—Si hubo dinero del narcotráfico en su campaña, ¿las elecciones se convierten en ilegítimas?

—No creo. Yo no creo. Primero, no está demostrado de que hubo dinero, y, segundo, tendría que demostrarse que gracias a ese dinero se pudo consolidar el fenómeno electoral.

—O sea que, a pesar de todas las pruebas, las declaraciones que se están dando (Medina y en este caso, Botero) a la fiscalía, que van a pasar finalmente al Congreso, ¿usted no está convencido de que hubo un solo peso producto del narcotráfico...?

—Es que el juez no soy yo. Y no puedo asumir que hubo uno ni diez ni cien millones de pesos, porque si yo lo hiciera estaría, como presidente, usurpando funciones que constitucionalmente corresponden a los jueces. Lo que sí he hecho es apoyar a los jueces para que sean ellos los que adelanten la investigación.

—En los Estados Unidos hay mucha preocupación por lo que está ocurriendo en Colombia.

—Sí, me lo explico, sí.

—Viene [el proceso de] la certificación, y como decíamos, tras la fuga de Santacruz Londoño, y ahora estas nuevas acusaciones de Fernando Botero, muchos creen que Estados Unidos difícilmente va a apoyar la certificación [de Colombia].

—Pues yo no lo creo. Sinceramente. Primero, el problema de la certificación es un problema interno de Estados Unidos. Y nosotros lo respetamos como tal. Segundo, los hechos están ahí a la vista de cualquier persona.

»¿Cómo un gobierno que captura al cártel de Cali puede ser un gobierno que no merezca el apoyo internacional? ¿Cómo un gobierno que erradica la mitad de las hectáreas de cultivos ilícitos que estaban sembrados puede recibir el rechazo internacional? Eso no lo entendería nadie...»

—...Porque muchos sospechan, como lo ha dicho Botero, que su presidente ha recibido dinero del narcotráfico para su campaña. Por eso.

—Bueno, y usted cree que esa sospecha la pueden juzgar ellos directamente. O como lo ha hecho Estados Unidos, creo que en buenos términos, atenerse a lo que es el desarrollo interno de la justicia colombiana.

—Usted habló hoy con el embajador [de Estados Unidos en Colombia, Myles] Frechette.

—No, no.

—¿Ni con ningún funcionario norteamericano?

—No, no. No veo por qué tenga que hablar con ellos. Esto es Colombia.

—No lo he escuchado decir nunca: me equivoqué o me arrepiento.

—No. Sí lo he dicho. Me equivoqué. Me equivoqué porque creo que los controles éticos pudieron no ser suficientes. Me equivoqué porque creo que no escogimos al tesorero adecuado. Lo he dicho, varias veces.

—¿Usted no considera que hay que renunciar?

—Por supuesto que no. Usted cree que es lógico de parte mía, o que tiene alguna lógica que yo, considerando que soy una persona que no tengo culpa en los hechos de la campaña, y que esa culpa fue analizada y fui exonerado, ¿por qué tendría que renunciar?

—¿Y por las nuevas declaraciones de Botero? Es su palabra contra de la él, ahora.

—Ah, ¿entonces Botero dice que yo soy culpable y yo, por lo tanto, me apresuro y renuncio? Por Dios, Botero tendrá que llegar a sus instancias judiciales.

—¿Qué lo haría renunciar?

—¿A mí? A mí no me haría renunciar nada distinto de mi conciencia, y en este momento estoy en paz con mi conciencia.

LAS REPRESALIAS

Uno de los dos mentía: Botero o Samper. O tal vez los dos están mintiendo, según insiste Santiago Medina en su libro *Las verdad sobre las mentiras*. O tal vez los tres están mintiendo. Pero ése ya será asunto de los colombianos.

Después de las entrevistas con Botero y Samper sentí que había cumplido. Habíamos logrado dos exclusivas y presentado ambos puntos de vista. Jamás me imaginé que a nivel personal apenas habían empezado mis problemas.

El miércoles 24 de enero me levanté tarde. Nos estábamos quedando en las habitaciones del club privado El Nogal, no en un hotel, por motivos de seguridad. Mi productora Patsy Loris, el camarógrafo Ángel Matos y yo creíamos que nadie, salvo algunos pocos colaboradores, sabían dónde estábamos hospedados. Pero no fue así.

Cuando bajé a buscar al chofer que nos llevaría a la oficina de Univisión en Bogotá, me encontré con una pálida recepcionista, quien me dijo que el personal de seguridad del club me estaba buscando. A los pocos segundos me topé con el jefe de seguridad del club y con uno de sus asistentes, y me dijeron lo que más temía: que habían recibido por teléfono una amenaza de muerte dirigida a mí.

Me quedé helado. De pronto empecé a mirar a mi alrededor para asegurarme de que no hubiera nada extraño. Nervioso, fui a donde estaba la recepcionista para preguntarle qué era lo que había escuchado. Al principio no me quería decir nada, pero ante mi insistencia comentó que se había tratado de una voz masculina que, alrededor de las nueve de la mañana, preguntó por mí. Ella le pidió que se identificara, pero al negarse dijo: «Dígale a Ramos que los vamos a quebrar por lo que salió en Univisión». Y colgó.

En Colombia ya están acostumbrados a este tipo de cosas, por eso me sorprendí cuando el jefe de seguridad me llevó rápidamente a mi cuarto, cerró las cortinas y puso a dos hombres armados a custodiar el movimiento en el piso. Desde el club llamaron a la policía y en poco tiempo se instaló un sistema para rastrear llamadas telefónicas.

Alrededor de las once de la mañana llegó la segunda llamada. Era otra vez una voz de hombre con una amenaza similar. Volvió a usar la palabra «quebrar», así que pensamos que se trataba de la misma persona. La llamada fue rastreada a un teléfono celular. Cuando la policía y el jefe de seguridad del club identificaron el origen de la llamada, me dijeron que no podían garantizar mi vida en Colombia y que lo mejor era que tomara el próximo vuelo a Miami. Nunca me quisieron decir de dónde salió la amenaza, pero obviamente se la tomaron en serio. Tengo claras sospechas del origen de las llamadas, pero como no lo he podido confirmar, sería muy irresponsable de mi parte hacerlo ahora.

No quisimos correr más riesgos. Llegó al club el corresponsal de Univisión en Bogotá, Raúl Benoit, y nos prestó a Patsy y a mí unos chalecos antibalas. Se armó una caravana de camionetas y motocicletas de la policía y la fiscalía, y nos llevaron al aeropuerto. Abordamos el avión de American desde la misma pista después que unos guardaespaldas inspeccionaron la nave.

Patsy, Ángel, Raúl y todo el personal de Univisión en Colombia se portaron de primera, con una enorme fuerza de carácter y entereza. Me apenaba que por mí tuvieran que pasar por todo esto. Pero no podía hacer nada para evitarlo.

Nuestra intención inicial era no hacer público el asunto de las amenazas. Pero la información se filtró a la prensa de Colombia y luego fue confirmada por Raúl Benoit, quien siempre ha estado convencido de que denunciar las amenazas de muerte es una forma de protección.

EL MISTERIO DE LA DAMA

Un mes después de las entrevistas con Samper y Botero en Bogotá, escribí un artículo en que citaba a diplomáticos y políticos que criticaban como hipócrita el proceso de certificación de Estados Unidos en la lucha contra las drogas. Al final me preguntaba: ¿y quién certifica a Estados Unidos?

Para mi sorpresa, recibí una carta del propio presidente Ernesto Samper, diciéndome que coincidía en varios de los argumentos que expuse en mi artículo. Sentí que fue un intento, personal, de acercarse, de decir que estaba pendiente de lo que hacía. Desafortunadamente en la carta no había una sola mención sobre las amenazas que habíamos recibido después de entrevistarlo y que fueron noticia, en su día, en Colombia.

Sinceramente, tras las amenazas creía que por mucho tiempo no podría regresar a Colombia. Pero, de nuevo, una noticia vinculada con el narcoescándalo me jaló a Bogotá. A mediados del 96 el Congreso colombiano absolvió a Samper, por segunda ocasión, de las acusaciones en su contra y el presidente nos concedió otra entrevista. Era la oportunidad que estaba buscando Samper para limpiar su nombre. Nosotros queríamos que la entrevista fuera vía satélite, pero su equipo insistió en que la realizáramos en persona. Con mucho miedo y precaución organizamos el viaje. (Otra vez me acompañó Ángel Matos, un extraordinario camarógrafo y compañero de lealtad insuperable, el productor Rafael Tejero, un firme apoyo en situaciones tensas y de peligro, y la vicepresidenta de noticias de Univisión, Alina Falcón. Siempre le agradeceré a Alina que hubiera estado con nosotros en esos momentos tan difíciles.)

En Colombia no sabíamos en quién confiar, así que encargamos a Raúl Benoit el dispositivo de seguridad. El lema de Raúl en estos casos es: «No hay que dar papaya». Ciertamente así fue. Llegamos de Miami a Bogotá en el vuelo de la mañana, me transportaron acostado hasta la oficina de Univisión y luego al palacio de Nariño. Y después de la entrevista con Samper, llegué horizontal al aeropuerto, con destino a Quito. Quizá todo esto suene exagerado, pero después de dos amenazas de muerte no queríamos acabar como una estadística en otro reporte más de Amnistía Internacional o de la Sociedad Interamericana de Prensa.

Esa entrevista con Samper, lejos de liberarlo de culpa, se concentró en una fotografía en la que él aparecía con Elizabeth Montoya de Sarría. Ella era, supuestamente, uno de los contactos de los narcotraficantes con Samper. En una conversación telefónica que luego se hizo pública, Elizabeth Montoya de Sarría le ofrece a Samper un «diamantico» para su esposa Jacquin. La llamada «monita retrechera» nunca pudo defenderse en público ni dar su punto de vista. Fue asesinada el 31 de enero de 1996.

Tuvimos una tensa conversación. Samper trató de vendernos la idea de que la segunda absolución que le hacía el Congreso lo exoneraba de culpa, cuando todos sabíamos que el proceso estuvo lleno de irregularidades: varios de los congresistas que absolvieron a Samper también habían sido acusados de vínculos con el narcotráfico.

—Entonces ¿todo fue un invento? —le pregunto a Samper.

—Todo lo que aquí se llamó en términos coloquiales un elefante fue un caballo de Troya, es decir, se pudo haber utilizado mi campaña para desviar estos recursos. Y solamente sabremos la verdad cuando la fiscalía investigue la conducta de las personas que aparecían vinculadas con esta operación de desvío de dineros.

—Pero hay sospechas. Me va a permitir que le muestre una fotografía que usted conoce, en la que se le ve con dos desaparecidos narcotraficantes. (Le muestro la foto.)

—¿Sí?

—La gente no tiene derecho a sospechar que algo raro está ocurriendo cuando usted aparece…

—Si la fotografía fuera verídica, sí.

—Fue en el año 89, ¿no es así?

—Es un fotomontaje, mi estimado profesor Ramos.

—No existe, esto no…

—Está demostrado que es un fotomontaje. Permítame (se acerca a apuntar algo en la foto).

—Sí, por favor.

—¿Ve una figura aquí, una silueta? Esta figura se superpuso sobre la silueta.

—OK. Éste es uno de ellos. ¿Qué pasa con Elizabeth de Sarría?

—Usted ve; tengo un brazo que le da la vuelta al salón y regresa. Y la mano que aparece aquí, que no está en la foto, pero está en el original, no es mi mano.

—¿O sea que esto no es cierto?

—Es un fotomontaje. Y gracias por darme la oportunidad de demostrarlo.

—Yo no sabía, ¿usted había dado esta información antes?

—Es que ése es el problema con algunos medios de información que nunca tomaron la otra versión del problema. Siempre se dejaron llevar por los opositores al gobierno.

—Ahora vamos a suponer que esto efectivamente sea un fotomontaje. Las conversaciones, las dos grabaciones telefónicas con Elizabeth de Sarría, ¿también fueron forzadas?

—Son absolutamente inocentes.

—Le están ofreciendo un diamante a su esposa, ¿no?

—No, no, ¿usted ha oído las grabaciones?

—Claro que las escuché. Por eso se lo digo.

—Bueno. Nunca existió el anillo. Nunca se demostró de qué manera el anillo hubiera podido llegar a las manos de mi señora. Y nunca se demostró que el dinero que en teoría ofrecía Elizabeth Montoya hubiera sido aceptado, como en efecto se rechazó en la conversación.

—Pero a lo que me refiero es a que esa conversación y esa relación con ella, ¿no genera sospechas?

—Es que en Colombia cualquier conversación puede generar cualquier tipo de sospecha. Pero el hecho de que haya una sospecha no convierte esa plática en evidencia.

—A lo que me refiero es a que Elizabeth de Sarría, en particular, fue detenida en Los Ángeles en abril del 86 por posesión y tráfico de narcóticos.

—Hasta el momento de su muerte no tenía ninguna acusación en Colombia por narcotráfico.

—En Los Ángeles la habían arrestado.

—Bueno. Pero no la tenían acá.

—Hace poco hablé con Robert Gelbard, el subsecretario de Estado norteamericano para asuntos del narcotráfico, y nos comentó a un grupo de periodistas que él se había reunido con usted, antes de las elecciones, y le dijo que en su campaña sí había dinero del narcotráfico. ¿Usted recuerda algo de esa reunión?

—Absolutamente falso.

—Yo estaba presente cuando… él lo dijo.

—Pero si lo dijo en esos términos, no es cierto. Se habló en términos generales de los riesgos de infiltración del dinero del narcotráfico, no solamente en mi campaña, sino en la campaña presidencial en general, que abarcaba todas las campañas.

»Y yo le dije que estábamos tomando todas las medidas necesarias para evitar que eso sucediera. ¿Cuáles medidas? El código de ética, el nombramiento del fiscal ético, el establecimiento de unas firmas de auditorías. Todo lo relacionado con la protección de la campaña.

»En eso consistió la conversación. Y le agrego algo más. Después se le mandó a él tanto el código de ética como el nombramiento del fiscal ético y una relación de todas las directivas que yo mismo había establecido para evitar esta infiltración.»

—O sea que nunca tuvo una advertencia por parte de Estados Unidos de que en su campaña había dinero del narcotráfico.

—Jamás.

—O sea que el señor Gelbard está mintiendo aquí.

—Eh… lo que se dijo es que existía riesgo, que había rumores, que había sospechas, todo lo que en Colombia además se sabe. Es que en Colombia no es algo absolutamente imposible que haya riesgos, y que haya rumores y que haya sospechas como se demostró en lo último de este año.

El abogado de Botero, Fernando Londoño, envió la fotografía original a un laboratorio de Estados Unidos para ver si había sido alterada. Quien hizo el análisis de la foto fue un ex funcionario de inteligencia del gobierno estadounidense. Su examen no dio una conclusión definitiva, pero sí dijo que lo más probable es que la fotografía fuera verdadera. El gobierno de Samper siempre ha insistido en que fue un montaje y nunca dio a conocer las supuestas pruebas que corroborarían su punto de vista.

LA DEFENSA DEL PAÍS

La última vez que hablé con Samper fue por satélite. Debido al narcoescándalo y a los escasos avances en la lucha contra el narcotráfico, Estados Unidos decidió quitarle su visa de turista, pero no pudo impedir que como jefe de Estado visitara la Organización de las Naciones Unidas para pronunciar un discurso.

Me cuentan que cuando Samper se bajó del avión en Nueva York, le comentó —en tono de broma— a los reporteros que lo esperaban, que llegaba «con unos kilos de menos». Se refería a los casi cuatro kilos de heroína que descubrieron en el avión presidencial antes de su partida de Bogotá, y que obligaron al mandatario a fletar una nave comercial. Con denuncias de complot, once arrestos y un poco de humor, el presidente Samper salió así de otra crisis; la enésima de su gobierno.

Quizá el único punto en que coinciden tanto quienes apoyan a Samper como sus críticos, es que se aferró al poder más allá de lo imaginable. Incluso sus más cercanos colaboradores llegaron a dudar que el presidente permanecería sus cuatro años en el poder. Y sus opositores estaban confiados en que tarde o temprano Samper renunciaría; pensaban que por menos habían caído Carlos Andrés Pérez en Venezuela y Fernando Collor de Melho en Brasil. Pero el Congreso colombiano lo exoneró dos veces y Samper siguió ahí.

En su discurso ante la ONU en septiembre de 1996, Samper se defendió de las acusaciones que lo vinculaban con el cártel de Cali, criticó el intervencionismo en la lucha antidrogas —aunque nunca mencionó el nombre de Estados Unidos— y propuso una agenda multilateral para enfrentar al narcotráfico. Conversé con él —brevemente y vía satélite— momentos después de su discurso.

—¿Cómo está, profesor Ramos? —inquirió el presidente.

—Bien gracias —contesté, mientras me mordía la lengua por preguntarle si sabía quién estaba detrás de las amenazas de muerte que habíamos recibido hacía unos meses.

Y luego me dijo, en tono de broma, que ojalá no le sacara de sorpresa otra fotografía. Siguiendo con su tono jocoso, añadió que quizá en un futuro deberíamos de escribir un libro juntos. Me quedé callado y a los pocos segundos comenzó la entrevista.

—En su discurso [en la ONU] acusó a Estados Unidos de intervencionismo. ¿Está desafiando ahora a Estados Unidos para ganar puntos en Colombia? ¿Es ésa la estrategia?

—No. Yo no mencioné a Estados Unidos. Lo que yo planteé en mi conferencia es que Colombia considera que la mejor manera de luchar contra la droga es la vía multilateral... Y que no se piense que Colombia puede cargar sola sobre sus espaldas toda la responsabilidad de una lucha por un problema que no solamente corresponde a mi país.

—En su avión presidencial se encontraron más de tres kilos de heroína antes de ir a Nueva York... Si usted realmente cree que hay un complot en su contra, ¿nos podría dar nombres y los puestos de quienes están detrás de este complot?

—Pues ojalá lo supiera yo... yo creo que se deben explorar todas las hipótesis, inclusive la que usted menciona... lo que quiero decir es que hay por lo menos unas sospechosas coincidencias que hacen pensar que más allá de un motivo de lucro podría existir otro tipo de razones.

—Los narcotraficantes no quieren la extradición y la Constitución colombiana no la permite, pero ¿usted está de acuerdo o no está de acuerdo en extraditar a Estados Unidos a narcotraficantes? ¿Se podría definir? Muchos colombianos... no saben lo que piensa al respecto.

—Bueno, si fuera tan sencillo ya lo habría hecho. Lo que yo he enseñado es que la extradición como un mecanismo multilateral de la lucha contra el narcotráfico es aceptable... La extradición puede ser un instrumento siempre y cuando se conciba dentro de un acuerdo multilateral como el que yo he propuesto.

—Usted se ha pasado gran parte de su presidencia defendiéndose de ataques en su contra. Y mientras tanto, la economía se ha estancado, 120 personas han muerto en diez días por enfrentamientos con la guerrilla, y sus críticos (incluyendo a quien fuera su vicepresidente) siguen pidiendo su renuncia. ¿Ha perdido el control del país, señor presidente, por preocuparse por su defensa?

—No. No, en lo absoluto. En primer lugar, si me hubiera preocupado por mi defensa solamente, pues le aseguro que el país se iría a la deriva; lo que pasa también es que mi defensa forma parte de la defensa del país... sé que de cierta manera los ataques que he recibido son ataques contra el país, y que al defenderme yo mismo estoy defendiendo al país.

—Muchos creen que usted tiene un problema de percepción, a pesar de que el Congreso lo absolvió. ¿Cree usted que Colombia tiene [también] un problema de imagen?

—A ver. Yo creo que sí hay un problema de imagen. Y es que la gente piensa que nosotros los colombianos somos los culpables de problemas tan complejos y tan graves como el tema de las drogas. Y lo que nosotros esperamos (no solamente de Estados Unidos sino de todos los países) es que se entienda cuál es la responsabilidad de cada quién.

Desde que Samper ganó las elecciones en 1994, escuché a colombianos —dentro y fuera del gobierno, *on* y *off the record*— asegurar que el presidente estaba «a punto de renunciar». Pero eso nunca ocurrió. En las cuatro ocasiones que hablé con él, Samper jamás reconoció haber tenido ningún tipo de responsabilidad en el llamado narcoescándalo. Y por eso el presidente colombiano no renunció a un solo segundo de su mandato.

¿Insumergible? Tal vez. ¿De espaldas anchas? Seguro.

POSDATA

A Ernesto Samper sólo le quedaban unos días en la presidencia de Colombia cuando nos regaló una joyita (informativa). En una especie de confesión, Samper dijo en un discurso ante el Congreso colombiano que sí hubo dinero del narcotráfico en su campaña por la presidencia. Tarde —cuatro años tarde—, pero por fin reconoció lo que casi todo el mundo suponía.

Para que no haya dudas, aquí está lo que dijo Samper el lunes 20 de julio de 1998: «Como se sabe, personalmente fui víctima de esa invasión [de dinero del narcotráfico] en la campaña que me llevó a la presidencia de la república». Sus palabras, desde el punto de vista legal, no sirvieron para mucho. Sin embargo, algunos las usaron para confirmar sus sospechas de que Samper se guardó la verdad con el objetivo de permanecer en la presidencia.

La reacción de la senadora independiente, Ingrid Betancourt, reflejó finalmente el sentimiento de muchos colombianos. «Creo que el presidente», dijo Betancourt, «lo que aceptó con esa declaración es que le mintió al país durante cuatro años.»

Bueno, hoy sí está demostrado que hubo dinero del narcotráfico en la campaña samperista. Lo dijo César Gaviria —el secretario general de la OEA—, quien fue el presidente en esa época. Lo dijo el presidente colombiano Andrés Pastrana, quien fue el contrincante de Samper en el 94. Y después, mucho después, lo confirmó el propio Samper.

Considerando lo anterior, hay que preguntarse: ¿desde cuándo supo esto Samper? ¿Por qué se lo guardó hasta el final de su mandato? ¿Fue legítima la presidencia de Samper? ¿Tenía el derecho a ejercer la presidencia alguien que sabía que llegó ahí con un *narcoempujón?* ¿Acaso el ingreso del dinero del narcotráfico en una campaña no descalifica, automáticamente, a su candidato? Y con tantos testimonios en su contra, ¿cómo es posible que 111 congresistas votaran por su absolución?

A estas alturas, las preguntas sobre la legitimidad de la presidencia de Samper son puros ejercicios barrocos. Pero vale la pena hacérselas, ya que Samper ha tratado de presentarse ante la historia como una «víctima» del *narcoescándalo* y muchos creen que está muy lejos de serlo.

Como es bien sabido, Samper ha dicho una y mil veces que él nunca supo del ingreso de dinero del narcotráfico en su campaña y que si entró fue a sus espaldas. Es decir, Samper asegura que él nunca vio entrar al elefante a su casa; un elefante de seis millones de dólares.

Samper ha culpado a quienes manejaron administrativamente su campaña, pero nunca ha querido asumir su responsabilidad en el asunto. Y eso extraña. Aun si le creyéramos que él no se enteró de la entrada de tanto dinero, ¿desde cuándo un candidato presidencial no es responsable final de los asuntos más importantes que ocurren en su propia campaña? ¿Acaso no designó él, personalmente, a quienes le manejaron su campaña?

Nunca sabremos si esos seis millones de dólares fueron los que le dieron a Samper los votos suficientes para ganarle a Pastrana en las elecciones de segunda vuelta en 1994. Y nunca sabremos con plena certeza —a menos que a Samper le dé por hacer otra confesión pública— si él supo de la entrada del *narcodinero* de su campaña.

Pero lo que sí sabemos es que en 1994 un candidato llegó a la presidencia de Colombia gracias a una campaña financiada, en parte, por los narcotraficantes. Y tuvieron que pasar cuatro años para que Samper reconociera lo evidente. Muchos años más tendrán que pasar para que Colombia se recupere del duro golpe a su dignidad y a su imagen internacional.

La historia, generalmente, no perdona. Y no creo que en este caso trate con mucha consideración a quien dice no haber visto a un elefante que le pisó los callos y que de un trompazo lo acercó al palacio de Nariño.

ANDRÉS PASTRANA

La Ley del Sapo

En Colombia se rompió una ley no escrita. Algunos la llaman «La Ley del Sapo». Allá se conoce como «sapo» a cualquier colombiano que denuncie a otro colombiano.

Y por más de cuatro años, el ahora presidente Andrés Pastrana fue acusado de «sapo» por haber dado a conocer el ingreso de seis millones de dólares del narcotráfico en la campaña presidencial de Ernesto Samper.

Después de que le presentó su denuncia en 1994, contra Samper, al entonces presidente César Gaviria —con unos «narcocasetes» como evidencia—, los ataques contra Pastrana nunca cesaron. Lo acusaban de muchas cosas. Pero sobre todo, de ser un mal colombiano y de perjudicar la imagen de Colombia en el exterior.

Eso de que «la ropa sucia se lava en casa» se lo tomaban muy en serio en Colombia. Pero cuando dos miembros del equipo de Samper —el tesorero Santiago Medina y Fernando Botero Zea, su director electoral— corroboraron la información sobre el ingreso de dineros del narcotráfico en la campaña samperista, la gente se empezó a dar cuenta de que Pastrana tenía la razón.

211

Y tras cuatro años de un gobierno —el de Samper— que vivió desprestigiado y contra la pared, que generó más de un millón y medio de desempleados, que perdió terreno frente a las guerrilla, que fue mal visto internacionalmente y que siempre sufrió de falta de credibilidad (por no decir legitimidad), parece que muchos colombianos estuvieron dispuestos a corregir y a reconocer que Pastrana había dado en el clavo. Cuando llegó el momento de votar, Pastrana ganó con el mayor número de votos en la historia de Colombia.

Conocí a Andrés Pastrana cuando todavía era alcalde de Bogotá y se le auguraba un brillante futuro político. Padre presidente, hijo presidente, se decía. Más tarde lo entrevisté, ya como candidato presidencial para las elecciones del 94, y él estaba seguro de su triunfo. Pero pronto, muy pronto, todo cambió.

Contra varios pronósticos, Pastrana perdió la votación. Y tras sus denuncias contra Samper, prácticamente tuvo que huir de Colombia. Las amenazas contra él y su familia eran muchas y muy serias.

Nos encontramos luego, por casualidad, un domingo en la playa de Cayo Vizcaíno, en Florida. Y aunque el ambiente no era muy propicio para una conversación seria —los dos andábamos de «pantaloneta» o traje de baño, bajo un sol implacable—, el instinto periodístico fue más fuerte.

—¿Qué pasó? —le pregunté a Andrés—. ¿Cuál fue la razón principal por la que perdieron las elecciones?

No pudo contestar porque se le adelantó su hermano Juan Carlos, quien lo acompañaba.

—No estuvimos dispuestos a hacer lo que hizo Samper para ganar —dijo Juan Carlos Pastrana.

Andrés sólo asintió. No había más que decir.

212

Me lo volví a encontrar en Atlanta, durante los Juegos Olímpicos de 1996. Como siempre, traía a Colombia en la cabeza. En ese entonces las investigaciones contra Samper se atoraban en el Congreso, cortesía de los amigazos del presidente. Y Pastrana no podía dejar de preguntar: «¿Y ahora qué hacemos?»

Lo que hizo Pastrana levantó más de una ceja. Pasó una buena parte de su tiempo en el extranjero: en Japón y en Jordania, trabajando en un programa de las Naciones Unidas. Pero nunca dejó a un lado su aspiración de ser presidente.

Sin embargo, en Colombia muchos decían que Pastrana jamás llegaría a la presidencia por la famosa «Ley del Sapo». Bueno, Pastrana agarró el sapo por las ancas y lo destripó. Parte de su estrategia de campaña en 1998 consistió en enfatizar que él siempre había dicho la verdad y desenmascaró a Horacio Serpa, quien trató de distanciarse del entonces presidente Ernesto Samper, a pesar de haber sido su principal apologista. Por algo le llamarían «el escudero». La estrategia funcionó.

Andrés Pastrana puede ser el primer candidato en la historia de Colombia —y quizá de América Latina— que ha tenido que ganar dos elecciones presidenciales para que le reconozcan su triunfo. Muchos creen que Pastrana fue el legítimo ganador de las elecciones de 1994. Y el 21 de junio de 1998, en la segunda vuelta electoral, venció a Horacio Serpa y a la abollada aplanadora liberal.

Como quiera que sea, esta victoria de Pastrana —la de 1988— huele a reivindicación. Hoy está claro que Pastrana dijo la verdad en el 94 y así lo entendieron los votantes que rechazaron el continuismo representado por Horacio Serpa. Los colombianos no querían cuatro años más de lo mismo. Cuatro de Samper fueron más que suficientes.

Y Pastrana llegó a la presidencia con un arsenal repleto de dos cosas que Samper nunca le pudo dar a Colombia: credibilidad y esperanza en el futuro.

Había decidido no ir a Colombia por las amenazas de muerte que todavía pesaban sobre mí —las del 96— y la decisión resultó ser la correcta. Durante las 48 horas previas a las elecciones de la segunda vuelta, se recibieron seis amenazas de muerte en la oficina de Univisión en Bogotá: dos de ellas —una esquela y una ofrenda floral para muertos— fueron dirigidas a mi nombre. Como siempre, el equipo de Univisión, encabezado en esta ocasión por María Antonieta Collins y Raúl Benoit, se comportó con suma valentía y profesionalismo.

Así, hablé con Pastrana vía satélite —él en Bogotá y yo en Miami— poco antes de su triunfo.

—Va a ser más difícil para Colombia derrotar a Túnez (en el mundial de futbol) —me dijo—, que para nosotros derrotar a Serpa.

Dio en el clavo: Pastrana le ganó a Serpa por cuatro puntos. Colombia le ganó a Túnez uno por cero.

—Usted dijo que no extraditaría al presidente Ernesto Samper si llegara a darse el caso —le señalé—. Ahora bien, si en un futuro Samper fuera encontrado culpable por el ingreso de dinero del narcotráfico en su campaña o por cualquier otro acto de su gobierno, ¿usted también estaría dispuesto a indultarlo?

—La extradición es un arma discrecional del presidente de la república. El indulto es un problema que corresponde al Congreso y a la fiscalía general de la nación. Es a la fiscalía a la que corresponde no sólo juzgar al presidente, sino investigar a fondo todas y cada una de las actuaciones que han sucedido en la política colombiana con la infiltración de los recursos del narcotráfico.

»Ésta es la punta del iceberg. El país no se puede permitir que no se investigue a fondo.»

—En su país, usted lo sabe, le dicen «sapo» a cualquier colombiano que ha acusado públicamente a otro. Ahora, ¿cree usted que los colombianos ya le perdonaron haber denunciado a Ernesto Samper y su campaña por sus supuestos vínculos con el narcotráfico?

—Yo creo que sí. Porque hoy los colombianos tienen elementos de juicio de lo que sucedió hace cuatro años. Hoy, cuatro años después de las elecciones de 1994, los colombianos tienen todos los elementos de juicio y saben que Andrés Pastrana habló con la verdad. Y eso es precisamente lo que me permite presentarme ante el pueblo colombiano como un hombre que dice la verdad.

—¿Usted cree que Samper le robó las elecciones de 1994?

—Mire, la verdad, Jorge, yo le reconocí a Samper el triunfo numérico, mas no le reconocí el triunfo moral de las elecciones de 1994.

»Para mí esto ya es el pasado. Estoy pensando en el futuro.»

—A Horacio Serpa le llaman «el escudero» por su defensa del gobierno de Ernesto Samper. ¿Cree que Serpa encubrió el papel de Samper en el llamado *narcoescándalo?*

—Bueno, usted recordará la conferencia de prensa en la que el entonces ministro de Defensa, el doctor Fernando Botero, y el doctor Serpa como ministro del Interior, ambos dijeron que asumían la absoluta responsabilidad de lo sucedido en la campaña presidencial de 1994.

—Cambiando de tema, dos diarios norteamericanos han publicado un informe confidencial que sugiere que la guerrilla colombiana podría vencer al ejército de su país en menos de cinco años. ¿Es tan débil el ejército colombiano? ¿Usted cree estos informes?

—No. La verdad que no. Yo creo que tenemos que recuperar el manejo del orden público. Pero ya se presentó un hecho muy significativo: la guerrilla (directamente el secretario de las FARC) dialogó con un alto funcionario de mi campaña y dijeron dos cosas fundamentales.

»La primera, que ni el gobierno de Ernesto Samper (ni su ministro del Interior, que era el doctor Serpa) pudieron establecer ningún tipo de contacto con las FARC. Y segundo, que hay voluntad de hacer la paz y que las políticas de Serpa fracasaron. Y por eso creo que los colombianos también están esperando un cambio en el modelo de la política de paz en Colombia.»

—¿Estaría usted dispuesto a aceptar ayuda militar de Estados Unidos o de Naciones Unidas en caso de que su propuesta de diálogo no funcionara?

—La verdad no. Yo creo que éste es un problema de los colombianos, es un problema de soberanía. Yo he insistido en que no vamos a permitir ningún tipo de influencia militar y de participación de fuerzas extranjeras. Además, está prohibido por la Constitución.

»Estamos invitando a países amigos. Lo quiere hacer Estados Unidos. Amigos como España, Francia, Alemania, El Salvador o Guatemala quieren participar como grupos amigos, como grupos facilitadores a un proceso de paz. A ellos los estamos invitando para que, de la mano, con sus experiencias, podamos consolidar un proceso político que permita traer la paz a Colombia en los próximos cuatro años.»

—Una de las medidas que se está empezando a utilizar en América Latina contra la corrupción consiste en declarar, públicamente, los bienes materiales. ¿Usted estaría dispuesto a hacer público todo su patrimonio?

—Exactamente. Y no solamente el mío sino el de todos los ministros. Todos los altos funcionarios del Estado deben mostrar sus declaraciones de renta para demostrar que no se van a enriquecer. La corrupción es el mayor cáncer que nos deja este gobierno.

—¿Qué es lo que usted va a cambiar para los colombianos que viven fuera de su país?

—Yo creo que un hecho, y es el más importante, Jorge. Recuperar la dignidad de Colombia en el extranjero. Millones de colombianos (más de un millón de colombianos viven en Estados Unidos) que son posiblemente los colombianos que más vergüenza han sentido de ese gobierno. Lo primero que tenemos que hacer es recuperar la imagen internacional de Colombia. Y eso sólo se logra escogiendo a un presidente legítimamente elegido y escogiendo a un hombre que tenga credibilidad en el extranjero, como la tengo yo, para poder recuperar para Colombia el lugar que nos corresponde en la política internacional.

Daniel Ortega

Mi casa no es su casa

Ésta es la historia de una casa. Pero no es una casa cualquiera. Es la casa en que vive el ex presidente sandinista Daniel Ortega, que por 18 años ha dividido a Nicaragua y de cuyo futuro depende la armonía social del país.

El problema es que la casa en que vive Daniel Ortega no es de él; se la arrebató de las manos a la familia Morales Carazo. Eso es lo que me aseguró Jaime Morales, el ex jefe de la campaña electoral del presidente Arnoldo Alemán y actual asesor personal del mandatario. De acuerdo con Morales, la casa es de su familia, no de Daniel Ortega, y fue confiscada ilegalmente, con todo lo que había dentro, en 1979.

La casa de la que estamos hablando es en verdad una fortaleza, sólo comparable con la que tenía el dictador Anastasio Somoza antes de que lo echaran del país. Los cuatro mil metros cuadrados de terrenos, en la periferia del viejo centro de Managua, fueron adquiridos entre 1967 y 1968 por Morales, quien entonces ya era un prominente hombre de negocios y coleccionista de las más preciadas obras de arte de la cultura nicaragüense.

219

Morales puso la primera piedra y con los años fue construyendo con maderas preciosas una hacienda, con seis fuentes y seis habitaciones, dos salas, oficina y varios comedores. Son unos 900 metros cuadrados de construcción. Además, por las obras de arte que albergaba, «la casa era prácticamente un museo», según me comentó por teléfono desde Managua su primer ocupante.

El grupo financiero en que participaba Morales apoyó con fondos a la revolución sandinista, así que jamás pensó que uno de sus líderes fuera a apropiarse de su casa una vez que derrocaran a *overthrow* Somoza. Cuando los sandinistas tomaron el poder el 19 de julio de 1979, Morales estaba en la Ciudad de México. Él era uno de los dirigentes de la Cruz Roja nicaragüense enviado a México con la misión de conseguir plasma. Y cuál sería su sorpresa cuando supo que sólo dos días después del triunfo sandinista, Daniel Ortega y su compañera Rosario Murillo se habían apoderado de la casa, ocupándola de inmediato.

La esposa de Morales, Amparo, y sus tres hijos estaban de viaje en Miami cuando todo esto ocurrió. Así, no hubo nadie que se atreviera a impedirle el paso al comandante Ortega. La casa fue confiscada «por ausencia», según la justificación legal de los sandinistas, y por 12 años Ortega no pagó ni un centavo por ella, salvo los impuestos de la propiedad. Amparo, una ciudadana mexicana, regresó a Managua a mediados de 1979 para exigir que le regresaran la casa que estaba a su nombre. No logró nada. Se peleó con Rosario Murillo, fue amenazada y, según reconoce Morales, esa confrontación personal se convirtió en «el problema medular». Rosario no le iba a regresar la casa a Amparo.

Morales calcula que el valor de su casa, cuando fue tomada, oscilaba entre el millón y medio y los dos millones de dólares (incluyendo las obras de arte). Pero Ortega sólo pagó por ella

1 500 dólares según le consta a Morales por las copias de los recibos que tiene del Banco de Inversiones Nicaragüenses de Desarrollo (INDESA).

Ese primer y único pago se hizo, supuestamente, en abril de 1990, tras la derrota de Ortega en las elecciones frente a Violeta Chamorro y durante el periodo conocido como *la piñata*. Más de 155 mil familias se beneficiaron de las expropiaciones realizadas durante el régimen sandinista.

Hasta aquí hemos escuchado, mayoritariamente, el punto de vista de Jaime Morales. Pero como en toda controversia, también hay que incluir los argumentos de Daniel Ortega, quien de hecho ya ha vivido más tiempo en esa casa que el propio Morales.

En una entrevista en Managua, a finales de 1996, el comandante Ortega me dijo que esa casa se convirtió en un «símbolo», que la adquirió «dentro del marco legal» y que miles de nicaragüenses se sentirían «indefensos» si él regresara la propiedad. Pero cuando le pregunté sobre cuánto pagó por ella, las respuestas se volvieron un nudo.

—Uno de los temas que más dividen a los nicaragüenses es el de *la piñata*. Muchos le creerían a usted si usted regresara la casa. ¿Sería eso una muestra de que usted, definitivamente, ha cambiado?

—Bueno. *La piñata*, ¿qué significó? *La piñata* significó promover en Nicaragua los cambios estructurales en el régimen de propiedad. Es decir, la democratización de la propiedad. La tierra, que estaba concentrada en pocas manos, fue redistribuida beneficiando a más de 155 mil familias campesinas. Eso, realmente, molestó indiscutiblemente al sector que se vio afectado, que se vio confiscado, que se vio expropiado, que es un sector minoritario...

DETRÁS DE LA MÁSCARA

»De tal manera que el hecho de que yo tenga una vivienda que la adquirí dentro del marco legal, pues sencillamente es un derecho (como nicaragüense) que tengo, como ciudadano que tengo. Si hubiera algo anormal, algo ilegal, pues de sobra se hubiese actuado en contra mía...»

—Déjeme hablarle muy directamente sobre su casa.

—Sí.

—Dicen que vale dos millones de dólares. ¿Cuánto pagó usted por la casa?

—Bueno, la verdad es... primero, no vale dos millones de dólares. Ésa es una exageración.

—¿Cuánto vale? ¿Cuánto valdrá? ¿Cuánto calcula?

—Eh... no vale tanto. O sea, vale mucho menos.

—¿Un millón?

—No, no, no. Es que no, no, no.

—Como no la conozco, no sé cuánto vale su casa.

—Bueno, pues eso no vale, pues... este, eh... no vale tanto. Lo que le puedo decir es que no vale tanto. E, incluso, habría que ver lo que dice un avalúo, pues, del valor de la casa.

—¿Cuánto pagó usted por la casa?

—Bueno, yo pagué un valor del... del... del... pagué un valor por la casa de acuerdo con lo que se pagaba en ese entonces, pues, por las viviendas de este país.

—¿Cuánto? ¿Cuánto fue, entonces?

—Bueno, la verdad es que no tengo el dato exacto, pues no lo tengo. Tal vez si lo tuviera...

—Pero más o menos.

—Fue muy poco, pues, fue muy poco.

—¿Treinta mil dólares? ¿Diez mil dólares?

—Sí, fue una suma pequeña porque en ese tiempo todo esto

estaba subvaluado, la propiedad estaba subvaluada. El mismo señor Alemán, por ejemplo, que cuestiona este tema, y otras personas que cuestionan este tema, adquirieron propiedades en ese
entonces a valores subvaluados también. O sea, porque era la
economía que estaba rigiendo a este país.

—Sí, pero se lo pregunto porque muchas personas ven ahí,
precisamente, el miedo ante el regreso de usted al poder.

—Sí, pero por otro lado la gente tiene temor. O sea, para mí
es muy sencillo salir de la casa... Pero por otro sería una señal
mala para miles de nicaragüenses que se sentirían indefensos si yo
hago eso. Es decir, sentirían que si yo salgo de la casa a ellos los
van a sacar, sobre todo a la gente más humilde, a la gente más
pobre.

—¿O sea que su casa es un símbolo?

—Es un símbolo. O sea, yo me he aferrado a fin de cuentas
a la casa, más por razón de un símbolo. Por maniobra, si fuera un
politiquero, pues hubiese abandonado la casa y ya. Me lavo las
manos y se acabó. Pero sé la responsabilidad que cargo en ese
sentido. Las indefensiones [sic] que sentirían miles de nicaragüenses si yo doy ese paso, sobre todo la gente más humilde, más
pobre.

No pude conseguir que el comandante me diera una cifra sobre cuánto pagó por su casa, a pesar de haberle hecho 12 preguntas al respecto. Las conté. Pero si nos basamos en la versión
de Morales, el pago, repito, fue de 1 500 dólares, que es aproximadamente una milésima parte de su valor real.

Morales asegura que él no quiere venganzas ni convertir la
casa en la manzana de la discordia entre los sandinistas y la nueva administración del presidente Alemán. «Las revoluciones cometen injusticias y siempre hay tiempo de rectificar», añadió en

tono de reconciliación. Tampoco tiene deseos de sacar a Ortega de ahí. «Lo razonable sería un pago, objeto de negociación», me dijo.

Por supuesto, todo ello está por verse. Por principio, ¿está Ortega dispuesto a regresar la casa? Bueno, hace poco le dijo al presidente Arnoldo Alemán que sí aceptaría discutir el tema. Ahora, ¿tiene Ortega suficiente dinero y voluntad política para pagar lo que debe? Ya veremos.

El tema es espinoso; mientras que para unos la casa representa un intento de justicia social, para otros es la mejor muestra del abuso del poder e impunidad que reinaron durante la época sandinista. Con este asunto, Ortega se está jugando su credibilidad y su lugar en la historia. ¿Acaso querrá ser recordado como el revolucionario líder que nunca quiso regresar una casa que no era de él? Seguro hay cosas más importantes que pelear, ¿no cree usted, comandante?

Ésta es, pues, la historia de la casa que Daniel y Rosario le quitaron a Jaime y Amparo, y que tiene a todo un país a la expectativa. De cómo se resuelva este lío pudiera depender la estabilidad de Nicaragua.

POSDATA

Parece ser que los principales problemas de Daniel Ortega están vinculados con esta casa. Su hijastra Zoilamérica Narváez, hija biológica de Rosario Murillo —la compañera de Ortega— lo acusó de haber abusado sexualmente de ella poco después de cumplir los 10 años de edad y de violarla a los 15. Y todo, supuestamente, ocurrió bajo los techos de la tan disputada residencia.

Ortega, a través de un vocero, ha negado las acusaciones. Sin embargo, ha defendido con los dientes su inmunidad parlamentaria para evitar que lo enjuicien por las acusaciones hechas por Zoilamérica. El partido sandinista, volteando la cara ante el problema, decidió no debatir el asunto durante su congreso a principios de 1998.

VIOLETA CHAMORRO

La mamá de Nicaragua

Violeta Barrios de Chamorro se fue tranquila de la presidencia. Les demostró a todos, dentro y fuera de Nicaragua, que sí pudo con el paquete. Su tarea parecía sacada del programa de televisión *Misión imposible:* llevar de la mano a Nicaragua durante la transición a la democracia, evitando las tentaciones de sandinistas, *contras* y ex somocistas de reconquistar el poder por la fuerza. Y lo logró. Por primera vez en la historia nicaragüense, hubo un cambio de mando de gobierno elegido democráticamente a otro surgido de las urnas.

Durante su mandato tuve la oportunidad de entrevistar a doña Violeta —como le dicen en Nicaragua—en tres momentos clave: el primero, poco antes de las elecciones de 1990; el segundo, tras su inesperada victoria sobre Daniel Ortega; y esta última vez, durante las votaciones del 20 de octubre de 1996.

En todas nuestras conversaciones, jamás perdió su tono maternal —«Ay, m'hijito, no me hagas esas preguntas»— ni su espíritu combativo frente a las percepciones de los que aseguraban que quienes verdaderamente gobernaban el país eran sus colaboradores —«Aquí la que manda soy yo»—.

De hecho, en nuestra última entrevista, la presidenta fue directa al grano respecto a las insinuaciones de que ella no estaba preparada para el puesto, ni tenía el control del gobierno: «Una cosa es oír consejos, pero a mí no me maneja nadie… porque si me hubieran querido gobernar, yo me voy para mi casa tranquilamente. Ya me hubiera regresado».

Para demostrar que ella realmente gobernaba Nicaragua, doña Violeta me comentó cómo tuvo que defender frente a una enorme oposición, tanto interna como norteamericana, su decisión de mantener a Humberto Ortega como jefe del ejército. Lo que muchos interpretaron como una concesión innecesaria y un signo de debilidad, ella lo consideró como un movimiento magistral para tener tranquilos a los sectores más beligerantes del sandinismo. Y aparentemente tuvo razón. Los sandinistas se quedaron en su lugar —a pesar de muchas protestas— y años más tarde designó como nuevo jefe del ejército al general Joaquín Cuadra. Pero su actitud cambiaba como de rayo cuando enumeraba algunos de sus principales logros: haber ganado las elecciones a los sandinistas, la libertad de prensa, parar la guerra, quemar un buen número de armas y otorgar amnistía a ex combatientes.

La Violeta que vi en su casa a finales del 96 no era muy distinta de la que conocí a principios de la década. Contrariamente a sus colegas masculinos, que empezaban a encanecer y perder el pelo tan pronto subían a la presidencia, ella no parecía acumular una sola arruga extra. Reía con las mismas ganas de antes. Pero había dos clarísimas señales del paso de un sexenio de tensiones y crisis: una, el bastón, que le ayudaba a aminorar una vieja dolencia en la columna vertebral, y la segunda, su pierna izquierda, recostada durante la entrevista sobre un sillón, para contrarrestar los efectos de la osteoporosis.

En la última ocasión que conversamos la encontré alegre, casi eufórica y con muy pocas resistencias para hablar. De hecho, cuando creía que la entrevista había terminado, me empezó a contar algunas de las cosas más interesantes. Por ejemplo, doña Violeta está convencida de que la caída del muro de Berlín, en noviembre de 1989, abrió la posibilidad a su victoria en las urnas, tres meses después. «Si ellos lo pudieron hacer», se dijo en ese entonces, «¿por qué nosotros no?»

La apertura de la frontera entre las dos Alemanias sorprendió a Chamorro durante una gira por Inglaterra. Luego, en España, un alto funcionario del gobierno le hizo llegar un fragmento del muro de Berlín, algo que ella quería utilizar durante su campaña presidencial (pero que nunca hizo). Curiosamente, más que la caída del muro de Berlín, la cúpula sandinista está convencida de que su derrota en las elecciones de 1990 estuvo directamente ligada a la invasión norteamericana a Panamá en diciembre del 89. Según el ex presidente Daniel Ortega —quien me dio esta explicación—, la invasión a Panamá hizo temer a los nicaragüenses que una incursión militar estadounidense en su país también era probable y, por lo tanto, decidieron votar por la oposición para evitar un derramamiento de sangre.

Antes de despedirme, doña Violeta me mostró el auto en el que fue asesinado su esposo, el periodista Pedro Joaquín Chamorro, en 1978. La muerte del director del diario *La Prensa* dio el empujón final a la insurrección que terminó con la dictadura de los Somoza en Nicaragua. El automóvil —un Saab amarillo— lo guarda aún en el patio de la casa que compartió con Pedro Joaquín. Ahí le pregunté finalmente si había caído en cuenta que, al igual que su esposo, ella ya era parte de la historia de su país. Me contestó, muy en su estilo, que no había tenido tiempo de pensar en eso. Y luego, sorprendiéndome, volteó los papeles y me preguntó si yo creía que ella había hecho historia en Nicaragua.

—Sí —le respondí sin dudarlo—. Como gobernante y como mujer.

—Entonces, ¿por qué no lo decís, pues? —volvió a preguntar, mirándome directo a lo negro de los ojos—. En tus entrevistas pareciera que me estás cuestionando todo.

—No se preocupe —le dije—. Pronto voy a escribir sobre eso.

Y aquí está.

Doña Violeta dejó la presidencia de Nicaragua el 10 de enero de 1997 y creo que ella se llevó la impresión de que los periodistas nunca le dimos el crédito que se merecía. La verdad es que los periodistas siempre fuimos muy escépticos: antes de resultar electa nunca le dimos muchas posibilidades de ganarle a los sandinistas, y una vez en el poder, casi siempre asumimos que sus asesores —incluyendo a su yerno— eran quienes realmente tenían en las manos las riendas del país.

Pero, sin duda, el error más grande que cometimos con Violeta Barrios de Chamorro fue el confiar más en las encuestas y en los estudios de opinión que en lo que decía la gente en secreto. Aunque eso nunca le preocupó a ella porque, como toda buena madre, siempre supo poner la oreja en el lugar correcto.

CARLOS SALINAS DE GORTARI

Siempre a las carreras

Al presidente Salinas sólo lo había conocido a las carreras. Literalmente. Había hablado con él tres veces, pero siempre corriendo. Él de frente y yo en reversa micrófono en mano. La primera vez fue en Tijuana, cuando todavía era candidato del Partido Revolucionario Institucional (PRI) a la presidencia. Luego me lo encontré haciendo fila durante las elecciones presidenciales del 6 de julio de 1988. Ahí, en un intercambio que duró exactamente 38 segundos, le pregunté lo siguiente:

—...dicen que el presidente de México es el que elige a su sucesor. En este caso, ¿Miguel de la Madrid lo escogió a usted como su sucesor? ¿Qué dice usted a esto?

—Pues la cola es larga. Quiere decir que son los mexicanos al votar los que eligen a su presidente.

Yo quería seguir haciendo preguntas, pero elementos de su equipo de seguridad decidieron que ya era suficiente. Se interpusieron entre el candidato y yo, y no hubo nada más que pudiera hacer.

En las elecciones presidenciales del 21 de agosto de 1994 lo abordé cuando terminó de votar, repitiendo el mismo espectáculo de preguntas al aire y respuestas rápidas para salir del paso. Y la misma frustración.

Pero el 29 de agosto de 1994 por fin algo cambió. Él quería hablar. Ésa era la diferencia. Salinas quería anunciar un proyecto que permitiría la entrada a refugiados cubanos que tuvieran familiares en México. Me lo imaginaba cuando vi en letras grandes: CUBA, entre las notas de apuntes de su jefe de prensa. Y él, nadie más, había escogido a Univisión para decírselo, debido al gran alcance que tenemos entre el exilio cubano en Miami. Así que aproveché la oportunidad, hablamos de Cuba, y al mismo tiempo, colé casi todas mis preguntas.

Por fin, después de perseguirlo por años, pude platicar con él, sin prisas, en la residencia oficial de Los Pinos. Me saludó y se fue directo a su silla, indicando que no tenía mucho tiempo que perder. Tras sentarse, se talló la cara con ambas manos. Le pregunté si la jornada había sido dura y me contestó que la jornada ya había durado cinco años y medio. La tinta indeleble de su pulgar derecho, señal de que había votado, estaba aún presente.

—Quisiera comenzar con el tema de las pasadas elecciones. A pesar de las irregularidades, internacionalmente está siendo reconocido como el primer presidente en 65 años en haber realizado unas elecciones en México sin fraude. ¿Es justo?

—Yo creo que es exagerado el comentario, pero lo que sí es cierto es que yo me comprometí a que íbamos a llevar a cabo elecciones transparentes, imparciales, y pudimos realizarlas... Hemos invertido el equivalente a dos mil millones de dólares para organizar esta elección. En un país con tantas carencias como México, ésos son recursos que, sin embargo, consideramos bien gastados.

—He escuchado dos versiones acerca de los comicios. La primera, que me parece tiene la mayoría, es que son las elecciones más limpias en las últimas décadas en México. La otra, que ha dado Cuauhtémoc Cárdenas (candidato presidencial del Frente Democrático Nacional, que aglutinaba a cuatro partidos), es que hubo un fraude y que nueve millones de personas no pudieron votar. ¿Cuál es la realidad?

—La realidad es que todo el que quiso votar, que sabía dónde estaba su casilla, pudo hacerlo. Además, ésta es la elección en que mayor número de votantes ha participado aquí en México, si recordamos que del padrón votaron 78%, cuando en Estados Unidos en las elecciones que se consideraron muy competidas vota 55%. En Suiza vota 45%, en Alemania 70%. El hecho de que en México haya sido el 78% muestra que hubo una afluencia extraordinaria de votantes.

—Y las acusaciones de Cárdenas, ¿qué piensa de ellas?

—Yo diría que si él, como cualquiera de los candidatos o partidos, tiene reclamos, puede presentarlos. Existe la instancia del Tribunal Autónomo Independiente, que los propios partidos seleccionaron a sus miembros, para en esa instancia legal resolver sus diferencias.

—Después de Chiapas, de Colosio, de la incertidumbre de hechos de violencia, ¿usted cree que a los mexicanos les dio miedo el cambio?

—Yo diría que el pueblo mexicano es muy sensato. Evaluó con mucho cuidado las opciones y alternativas y se decidió por consolidar los cambios. Tenemos cinco años de estar cambiando profundamente y los mexicanos decidieron consolidar esos cambios, y reclamar que continuarán sobre una serie de aspectos que les interesan, como el avance democrático, la mejoría económica de las familias, mayor canalización de recursos al aspecto social.

—Me refiero a que después de 65 años, muchos piensan que eso no es un cambio.

—Yo creo que es importante recordar dos aspectos. Primero, ya hemos pasado al menos por tres modificaciones fundamentales en estos 65 años, lo que nos convierte en tres partidos distintos. Pero además, nunca se ha reelegido ninguno de aquellos que ha postulado el PRI, así que los mexicanos constantemente votan por un nuevo dirigente.

—Es inevitable la comparación con el 88. Entonces muchos hablaban de un enorme fraude. Se tardaron seis días en dar resultados. Dicen que se cayó el sistema de computación y yo nunca he escuchado su versión. ¿Qué fue lo que pasó en 88?

—Yo creo que es necesario, con serenidad, volver los ojos a la elección de 88. Pero una vez que se hagan los análisis se precisarán las características de ésta. Lo más importante es que su estructura de votación fue idéntica a la actual: 50% del PRI, 30% de la primera fuerza de oposición, 16% de la segunda fuerza. Esto muestra que México tiene una pluralidad. Debe reconocerse esa pluralidad y responderse en consecuencia. Por eso, al asumir la responsabilidad del gobierno, no se puede ejercer sólo para los del partido que lo postularon. Tiene que trabajarse con dedicación para todos los mexicanos independientemente de su filiación partidista.

—Se lo preguntaba por las denuncias de fraude que hubo en el 88. Muchos me dicen que todavía no saben cómo ganó, en 1 762 casillas, el 100%. ¿Por qué a la oposición no le dejaron contar la mitad de las 54 mil casillas?

—Yo creo que es importante recordar que en esa elección

234

más de tres cuartas partes de las casillas fueron cubiertas por más de un partido y está ahí la documentación que así lo acredita.

—Usted ha roto muchos tabúes en México... y me gustaría que quizá hablando de [un] tabú se pueda romper: el *dedazo*. Muchos dicen que usted no promovió la democracia al dar dos *dedazos*. Uno por Colosio y otro por Zedillo. Y yo creo que ésta es la oportunidad de defenderse.

—Yo diría que tienen que analizarse los procesos de selección de candidatos que el partido tiene establecidos. El PRI, en los pasados cinco años, introdujo nuevas modalidades en selección de candidatos. Varios de sus candidatos a gobernador y a las alcaldías o presidencias municipales fueron seleccionados por la vía de una especie de primaria, similar a las que se tienen en Estados Unidos. Otros por la vía de consejos. Tiene dos o tres métodos diferentes. Los ha ensayado y ha ido aprendiendo qué resultados tienen en la práctica. Yo creo que este aprendizaje va a ser muy útil cuando se acometan nuevas reformas en la transformación del PRI, reformas que por cierto son indispensables. En México lo que estamos viviendo es un reclamo de la sociedad para que los partidos se modernicen. El PRI sin duda y los demás también. Pasa en México y también en el mundo. Muchos ciudadanos ya no quieren participar políticamente a través de los partidos. Hay que abrirles espacios, como organizaciones civiles. Pero necesitamos de los partidos en la vida democrática.

—Lo que le preguntaba más que nada es la función del presidente en la selección del candidato... [El ex presidente] Luis Echeverría, en septiembre del 90, decía: «La tradición en México es que el mandatario en turno elija a su sucesor». ¿Eso se acabó ya en México?

—Yo diría que cada quien hace la reflexión conforme a su propia experiencia.

—¿Usted cómo la ve?

En mi caso, el licenciado Luis Donaldo Colosio era el candidato esperado por el PRI. Había sido oficial mayor del partido, coordinador de mi campaña presidencial, diputado federal, senador y presidente del partido. Él, además, había desempeñado las tareas de labor social en el gobierno, miembro del gabinete económico, y de grandes iniciativas internacionales, sobre todo del medio ambiente. Por eso, repito, era el candidato esperado, anhelado por el partido y así se postuló.

—¿Por qué prefirió a Colosio frente a Ernesto Zedillo y Manuel Camacho Solís?

—Porque lo prefirió el PRI. Precisamente por estas características. Ningún otro candidato o precandidato tenía este perfil de carrera partidista como lo tenía Luis Donaldo Colosio.

—¿Usted cree realmente que una sola persona mató a su amigo Luis Donaldo?

—Mire, yo he señalado que la investigación no está cerrada ni tampoco concluida. La instrucción que tiene el fiscal especial que está investigando el caso es no descartar ninguna hipótesis…

—…era su amigo, por eso le pregunto. ¿No está tranquilo con lo que se sabe hasta ahora?

—Yo he dicho que quiero que se llegue hasta el final de la investigación. Yo sí quiero saber con toda claridad si Mario Aburto, el asesino confeso, fue influido por alguien o algunos para cometer este horrible crimen. Lo que sí me parece muy importante es que el asesino confeso está vivo, está en la cárcel y está sujeto a juicio.

—Déjeme pasar a otro tema. ¿Usted sabe quién es el subcomandante Marcos?

—No.

—¿Ni idea?

—Bueno, yo diría que siendo una persona que ha dado tantas entrevistas por televisión, no deja de ser sorprendente que ninguno de los millones de mexicanos lo haya podido identificar.

—¿Usted estaría dispuesto a hablar con él?

—Yo he dicho que siempre he estado abierto al diálogo con todo aquel que de buena fe, comprometido con el cauce legal, esté dispuesto a participar en las transformaciones del país.

—Bueno, usted sabe, Marcos está pidiendo su renuncia.

—Creo que Marcos ha pedido muchas cosas. Pero lo importante para mí es que, [en] el conflicto en Chiapas, que es la primera guerrilla posguerra fría, la confrontación militar sólo duró diez días. Y nosotros nos hemos comprometido a una solución política a favor de una paz digna. Sobre todo que enfatice la respuesta social a los válidos reclamos de aquellos que menos tienen.

—Sabe, he escuchado dos teorías de lo que pasó en Chiapas. Una es que sí sabía qué estaba pasando ahí, pero prefirió no hacer nada porque podía afectar las negociaciones del Tratado de Libre Comercio. La otra teoría es que sencillamente no sabía, lo que hablaría muy mal de sus servicios de inteligencia y del ejército. ¿Cuál es la buena?

—Yo diría que había algunos informes nunca corroborados del tamaño de la guerrilla que se había organizado y con base en esos informes se actuó. Primero por la vía de la investigación y después por la vía de la tarea social. Yo estuve en septiembre del año pasado inaugurando un hospital precisamente en lo que hoy sabemos es el corazón del movimiento guerrillero, Guadalupe Tepeyac. En septiembre, cuatro meses antes del levantamiento de los guerrilleros. Y bueno, efectivamente es una falla de los sistemas de información y por eso fueron removidos los responsables.

—¿O sea que lo tomó por sorpresa lo de Chiapas?

—Yo diría que el tamaño, la movilización del grupo guerrillero y su dimensión, sí…

—Sobre sus políticas económicas, unos les llaman neoliberales. A usted le gusta llamarle liberalismo social.

—No es que me guste. Es que es la definición que muestra que sí sostenemos los principios básicos del liberalismo: el respeto al ser humano en su integridad y el compromiso social. Por eso es liberalismo, por eso es social. Por eso ha enfatizado la mejor tradición de Juárez, el mejor legado de Zapata.

—Bueno, entonces, los críticos dicen: Salinas nos ha dejado un país de 24 multimillonarios y 40 millones de pobres.

—Yo creo que hay que ver la información objetiva. La información objetiva integrada por el Instituto de Estadística de México y de la Organización de Naciones Unidas para América Latina señala, con claridad, que durante estos seis años se ha detenido el proceso de concentración del ingreso en México y se ha iniciado su reversión. O lo que es lo mismo, al eliminar la inflación excesiva, al terminar con el déficit fiscal, al reducir sensiblemente la deuda del país, lo que logramos es gastar más en lo social: educación, salud, vivienda, alimentación. Y eso nos ha permitido que la distribución del ingreso en México hoy sea más equitativa que cuando asumí mi administración.

»Y además, ahora que usted da el número de pobres, también en ese sentido, este informe objetivo de Naciones Unidas y del Instituto de Estadística muestra que el número de mexicanos que vive debajo de la línea de pobreza es menor al final de mi sexenio que al principio. Y no olvidemos que durante estos seis años se sumaron diez millones de mexicanos a la población total.

»Se lo voy a mandar.»

—No le quiero pelear en economía, pero con datos que también recibí del gobierno sé que 10% de la población, el 10% más alto, recibe el 40% del ingreso en México.

—Bueno, por eso yo he señalado que en este, nuestro país, hay grandes inequidades. Pero lo importante, en el momento de hacer el balance, es qué sucedió con estas políticas en relación con esas inequidades. Lo importante es que la tendencia muestra con claridad que hemos mejorado la distribución del ingreso en México en estos seis años.

—Déjeme hacerle una pregunta... sobre el fin del presidencialismo en México. ¿Usted cree que la figura presidencial se está debilitando en México?

—Yo diría que varias de las reformas que yo promoví a lo largo de mi administración le restaron facultades al presidente de la república. Le voy a dar un ejemplo. El presidente de la república designaba al director del banco central y podía ordenarle imprimir billetes para pagar por los programas sociales. Eso se prestó para que en algunas ocasiones se practicara lo que conocemos como populismo. Se ofrecen soluciones, se imprimen billetes para cumplirlas y luego viene la inflación, que es el peor de los impuestos para quienes menos tienen. Ahora el banco central es autónomo, nadie le puede ordenar que imprima billetes y tiene la responsabilidad de garantizar la capacidad adquisitiva de la moneda mexicana.

—¿O sea que la figura del presidente se está debilitando y usted ve eso como algo positivo?

—Yo diría que tenemos un sistema en el cual los chequeos y balances se van fortaleciendo.

—¿Y eso es positivo para el país?

—Sin lugar a dudas.

—Vamos a pasar a la política internacional. La noticia en estos momentos es Cuba y Estados Unidos. Usted tiene buenas relaciones con ambos países. ¿Por qué no declara a México santuario para los refugiados cubanos?

—Mire, en ocasiones, a nuestras costas han llegado cubanos en busca de nuevos horizontes, pero no manifiestan su deseo de permanecer aquí. Además, México es un país que tiene una gran población que emigra fundamentalmente hacia Estados Unidos y la nuestra no ha sido una nación formada por inmigrantes. Sin embargo, en esta ocasión, por primera vez, el gobierno mexicano ha señalado que está dispuesto a recibir a un número de cubanos que tengan familiares aquí y decidan residir aquí.

—Esto es nuevo, ¿verdad?

—Así es.

—¿Ya lo anunció?

—En este momento.

—¿Cómo va a ser este programa? Explíqueme un poco.

—Más que un programa, es con el ánimo de contribuir a moderar una circunstancia que pueda adquirir niveles críticos.

—¿Tiene alguna cifra? ¿Cuántos refugiados cubanos aceptaría?

—Bueno, yo no quisiera precisar cifras, pero ya está planteada la buena voluntad del gobierno mexicano.

—¿Y sabe dónde van a estar localizados?

—No, porque eso dependería también de los familiares con los que cuenten aquí.

—¿Y Cuba y Estados Unidos están informados de este deseo de México de hacerlo?

—Así es.

—¿Usted cree que en Cuba debe haber elecciones?

—Yo creo que Cuba, como el resto de las naciones, está siendo objeto de cambios. Estos cambios (nosotros los mexicanos estamos convencidos) dependen de la voluntad de los propios pueblos. Nosotros no damos recetas. Nosotros no aceptamos recetas.

—Déjenme acabar con unas cosas un poco más personales. ¿Ser presidente es un puesto de mucha soledad? ¿Usted se siente solo?

—Bueno, mire...

—No sé si tenga amigos, por ejemplo.

—Varios, y eso es llamarse afortunado, ¿no cree usted? Pero lo que pasa es que el presidente de la república es la última instancia y por lo tanto tiene que asumir la responsabilidad plena. No puede decir: «Ah, se lo turno el asunto a mi jefe para que él lo resuelva». Y eso es lo que obliga finalmente a asumir la responsabilidad de las decisiones. Yo he señalado que a mi oficina entran problemas y tienen que salir soluciones.

—¿Usted cree que México sigue siendo un país muy machista?

—Yo creo que ésa es una imagen que no corresponde totalmente a la realidad.

—Se lo pregunto porque yo sé la relación tan estrecha que tiene con su hija. Y estaba pensando si usted cree que México ha llegado a la madurez tal de tener una mujer en Los Pinos.

—Ah, ésa es una decisión que tienen que tomar los mexicanos. En esta campaña presidencial, de nueve candidatos, dos fueron mujeres. Y una de ellas tuvo un desempeño que ha sorprendido a muchos, gratamente. Eso es bienvenido.

—O sea, ¿cree que México ya está preparado?

—Mire, es la primera vez que en el gabinete del presidente hay dos mujeres secretarias de Estado. Es la primera vez durante esta administración en la que el líder de la Cámara de Diputados es una mujer. Así que la creciente participación de la mujer es tan indispensable como bienvenida. Hay en México pasos importantes en ese sentido.

—Está muy joven. ¿Qué va a hacer? Dicen que se quiere ir de presidente del Banco Mundial o de la Organización Mundial de Comercio.

—Mire, le voy a contestar un término muy sencillo. El 1º de diciembre [de 1994], cuando entregue la banda presidencial lo primero que haré será tomarme unas vacaciones.

—¿Es de lo que más ganas tiene?

—Sí.

POSDATA

Las «vacaciones» de Salinas se han extendido ya por varios años. Desde 1994 vive en un exilio semivoluntario en Dublín, Irlanda. Pero su hermano Raúl está en la cárcel, acusado de participar en el asesinato de su ex cuñado y ex dirigente priista José Francisco Ruiz Massieu, ocurrido en septiembre de 1994. Raúl Salinas también está acusado de enriquecimiento inexplicable. Las autoridades suizas le han encontrado cuentas bancarias por más de 130 millones de dólares, cantidad que es muy superior a la que pudiera haber acumulado cualquier funcionario público, como lo fue él en la Conasupo, la agencia gubernamental encargada del suministro y administración de alimentos.

¿Sabía Carlos Salinas de Gortari acerca de cómo su hermano se enriqueció durante su presidencia? ¿Es posible que un presidente tan controlador como Salinas de Gortari no haya visto cómo entraban millones y millones de dólares a las cuentas de su propio hermano? ¿Se hizo de la vista gorda?

Sancionado también está Justo Ceja, quien fue el secretario privado de Salinas de Gortari. Ceja tiene un origen muy humilde. Vivió en Ciudad Nezahualcóyotl, uno de los municipios que rodean a la capital de la República Mexicana. Por años estuvo muy cerca de Salinas; era su «chalán». Y la lealtad pagó. Su sueldo como secretario privado era de siete mil dólares al mes, aproximadamente. Pero al terminar el sexenio le encontraron cuentas por unos siete millones de dólares, además de dos mansiones. ¿De dónde salió ese dinero? ¿Cómo pudo enriquecerse de esa manera sin que lo supiera su jefe? Por el momento, el gobierno mexicano no ha podido comprobar que Ceja se robó dinero del Estado; sin embargo, le impuso una sanción que le impide, durante cinco años, participar en política.

El caso de Justo Ceja y de Raúl Salinas de Gortari es sumamente interesante ya que pone también en un entredicho moral al propio presidente Ernesto Zedillo. Zedillo, desde luego, fue un miembro importante del gabinete de Carlos Salinas de Gortari, y suena muy difícil de creer que él —como secretario de Estado y en constante contacto con Salinas— no se haya dado cuenta de que Ceja estaba viviendo muy por encima de lo que permitía su sueldo como secretario privado y que Raúl Salinas hacía negocios a diestra y siniestra aprovechando su posición familiar. Preguntas: ¿por qué Zedillo no solicitó una investigación de Raúl Salinas cuando todavía era miembro del equipo de Salinas de Gortari? ¿Por qué el gobierno de Zedillo se espero tres años después de terminar el sexenio de Salinas para sancionar a Justo Ceja? ¿Son acaso formas de presión para que Salinas de Gortari se mantenga en silencio —y lejos— allá en Irlanda?

Son sólo preguntas.

ERNESTO ZEDILLO

Sin querer queriendo

Como decía el personaje televisivo del Chavo del Ocho, a Ernesto Zedillo le tocó ser presidente «sin querer queriendo». Zedillo llegó accidentalmente a la residencia oficial de Los Pinos porque no había otro que reemplazara al asesinado candidato del Partido Revolucionario Institucional (PRI), Luis Donaldo Colosio; unos estaban imposibilitados por la ley electoral, y otros hubieran sido fácilmente derrotados por los fuertes candidatos presidenciales de la oposición: Cuauhtémoc Cárdenas, del Partido de la Revolución Democrática (PRD) y el «jefe» Diego Fernández de Cevallos, del Partido Acción Nacional (PAN).

Zedillo nunca buscó la presidencia, le llegó. El entonces presidente Carlos Salinas de Gortari escogió a Ernesto Zedillo —el jefe de la campaña electoral de Colosio— como candidato presidencial del PRI, aunque después, seguramente, se arrepintió. Fue el segundo *dedazo* de Salinas y el que más caro le costó. Durante la presidencia de Zedillo, el ex mandatario Carlos Salinas de Gortari terminó en un autoexilio en Dublín, Irlanda, y su hermano Raúl en la cárcel, acusado de enriquecimiento inexplicable y de ser el autor intelectual del asesinato del político priista José Francisco Ruiz Massieu.

Conocí a Zedillo durante la Cumbre de las Américas, en diciembre de 1994, y sólo unos días después de haber tomado posesión como presidente. Lo sentí con los pies en la tierra, casi humilde; el poder todavía no se le subía a la cabeza y aún no había cometido un costosísimo error que devaluó el peso mexicano y provocó, junto con los desbalances financieros que dejó Salinas, una de las peores crisis económicas en la historia moderna de México.

Zedillo estaba tranquilo, relajado, en el *penthouse* de un hotel del *downtown* miamense con vista al mar. Hablamos brevemente sobre la defensa que el gobierno mexicano estaba desarrollando para proteger a los indocumentados en Estados Unidos.

—¿Cree usted que eso es meterse en los asuntos internos de Estados Unidos? —le pregunté.

—Por supuesto que no —contestó el presidente—. Donde haya un mexicano, tenemos que defender sus derechos.

La siguiente vez que lo vi, casi dos años después, Zedillo había cambiado. La prensa y la oposición lo criticaban, abiertamente, por ser un presidente débil, pero él se sentía poderoso. Había un océano entre su autopercepción como presidente y lo que decían las encuestas de opinión. La sencillez de los primeros días de su gobierno ya no existía. El fantasma de Los Pinos se había apoderado de él; me pareció que se sentía indispensable. Pedía —exigía— un respeto absoluto a su investidura, como si nadie tuviera derecho a cuestionar sus acciones y declaraciones, como si México no estuviera destruyendo viejos esquemas para alcanzar la democracia.

¿Soberbia? ¿Arrogancia? Quizá. Zedillo estaba duro, formal.

El rol de presidente lo dominaba todo; la persona se había desintegrado.

LA DISOLUCIÓN DE *LA NETA*

—¿Cómo está mi *tacuche*? —preguntó el presidente Ernesto Zedillo.

Quería asegurarse de que su traje cruzado, azul marino, no estuviera arrugado durante la entrevista.

—Bien, señor —le contestó tímidamente uno de los cuatro camarógrafos que nos acompañaban en el salón Vicente Guerrero de Los Pinos.

Era poco después de las doce (el 29 de octubre de 1996) y el presidente acababa de llegar de un acto en el que se celebraba el día del médico. Venía de buen humor y con un poco de maquillaje (para no verse brilloso frente a las luces y las cámaras). Nos saludó —a María Elena Salinas y a mí— casi con afecto, y mientras le ponían el micrófono en su corbata nos contó que el fin de semana había llevado a sus hijos a montar bicicleta al Desierto de los Leones.

Hubiéramos querido tener nuestras propias cámaras de televisión (de Univisión) durante la entrevista, pero no nos lo permitieron. Desde la época del ex presidente Carlos Salinas de Gortari, la oficina de Comunicación Social de la Presidencia le pide a la agencia oficial CEPROPIE que grabe las entrevistas presidenciales. «Es para cuidar la imagen de Zedillo», nos dijeron a manera de explicación. En ningún otro país nos habían impuesto esa condición; fue la única que tuvimos para la entrevista. No nos pidieron las preguntas por adelantado; sabían perfectamente que jamás se las daríamos. Ante una exigencia así es preferible no realizar la entrevista. Nunca lo hemos hecho con ningún presidente y no había razón para violar esta regla ética del periodismo con Zedillo.

Estaba todo listo. Sus asesores salieron del salón perfectamente iluminado. Me dicen que eso es frecuente; a Zedillo le gusta estar solo y en control, sin que nadie lo distraiga. El presidente se echó para atrás en la silla y nos dijo en inglés:

—*Fire* [disparen].

—Cinco, cuatro, tres, dos... —gritó uno de los técnicos—. Grabando.

Para comenzar me pareció apropiado recordarle a Zedillo que durante su campaña presidencial él quería que le dijeran *la neta* y le comenté que esperábamos que ese espíritu de decir la verdad prevaleciera durante la entrevista.

—Por supuesto —contestó.

Los primeros minutos los dedicamos María Elena y yo a preguntarle sobre las guerrillas del Ejército Zapatista de Liberación Nacional (EZLN) y del Ejército Popular Revolucionario (EPR). No quiso comprometerse a una reunión con el subcomandante Marcos, tuvo especial cuidado en no llamar guerrilleros a los zapatistas e insistió en clasificar como terroristas a los del EPR. Saltamos a la economía.

Le comenté que había leído en una revista que, antes de ser presidente, él se hacía su propio desayuno, y luego le pregunté si sabía el precio del kilo de tortilla, del litro de leche, de la gasolina. No me contestó.

—Mire —me dijo un poco cansado con la dirección que empezaba a tomar la entrevista—, lo que estoy es en contacto con la gente.

Al final, nunca me dio los precios de la tortilla, ni de la leche ni de la gasolina.

Hasta ahí las cosas fluían. Zedillo todavía sonreía. No se percibía mucha tensión. Pero luego tocamos el tema de Carlos Salinas de Gortari. El 1° de diciembre de 1994, Zedillo había dicho que el saliente presidente Salinas «tendrá siempre la gratitud y el aprecio de México, pues gobernó con visión, inteligencia y patriotismo». Sin embargo, durante la entrevista, Zedillo buscó distanciarse de Salinas e incluso llegó a decir que nunca fueron amigos.

—Señor presidente, ¿usted sabe dónde está Carlos Salinas de Gortari?

—No, no sé [*se ríe*]. He leído en los medios que tiene su residencia en Irlanda.

—¿Usted ha mantenido una relación telefónica con él?

—Ninguna clase de relación.

—¿Usted se acuerda cuándo fue la última vez que habló con él?

—El 1° de diciembre de 1994.

—Porque tenemos información de que en marzo del 95 usted se reunió...

—[*Interrumpe*] Es absolutamente falso.

—¿No hubo una reunión?

—Quien escribió eso está mintiendo.

—¿No hubo ninguna reunión en marzo?

—Ninguna reunión. Es absolutamente falso.

—...en la que, de acuerdo con este periodista, hubo un acuerdo...

—No sé que haya dicho el periodista. Sé que alguien ha reportado eso. Es absolutamente falso.

—Déjeme preguntarle algo más concreto, entonces. ¿Ha habido algún tipo de acuerdo entre usted y Carlos Salinas de Gortari para que él se mantenga en silencio y que su gobierno no lo persiga?

—No ha habido ningún acuerdo con el licenciado Salinas, ni con ningún ex presidente de México en ninguna materia.

—¿Absolutamente?

—Absolutamente.

Andrés Oppenheimer, el periodista que escribió el libro *México al borde del caos,* insiste —basado en sus fuentes— que la reunión de marzo de 1995 entre Carlos Salinas de Gortari y Ernesto Zedillo efectivamente se realizó en una casa de Tecamachalco, en la Ciudad de México. Y yo, de manera independiente, también pude confirmar que la reunión se llevó a cabo, aunque desconozco lo que ahí hablaron.

Como quiera que sea, los presidentes en México no están acostumbrados a que les exijan una explicación por sus declaraciones y acciones. Y Zedillo no es la excepción.

Yo quería creer que en 1996 ya no había temas tabú en México. Pero me equivoqué. Al hablar sobre el *dedazo,* Zedillo me sorprendió cuando ni siquiera quiso reconocer lo obvio. Al decir que «el presidente de México no escoge a su sucesor» y que su influencia «no es determinante» en la selección del candidato del Partido Revolucionario Institucional (PRI) a la presidencia, Zedillo no nos habló con *la neta.*

—La tradición en México, y no es ningún secreto, es que el presidente en turno escoja a su sucesor, en lo que los mexicanos conocen como el *dedazo.* Y muchos mexicanos piensan que usted no hubiera podido obtener esa candidatura del PRI sin Salinas de Gortari. ¿Usted le debe esa candidatura a Salinas de Gortari?

—Mire, en primer lugar quiero corregir algo que usted dijo. El presidente de México no escoge a su sucesor. Lo que dice la tradición oral, política de México, es que el presidente en turno tiene una enorme influencia, aunque no determinante en el candidato...

—¿No es determinante?

—...es el candidato que escoge el Partido Revolucionario Institucional.

—A lo que me refiero es que la candidatura... Yo estuve aquí, no hubo ningún congreso; incluso, el ex presidente Salinas de Gortari, en una carta pública, habló claramente de cómo defendió su candidatura frente a presiones de otros políticos, incluyendo al ex presidente Luis Echeverría, y recuerdo haber hablado con Santiago Oñate, el presidente del PRI, el 26 de febrero [de 1996] en Washington, y me dijo textualmente: «El candidato presidencial se escoge con intervención directa del presidente».

»Lo que queremos establecer, y usted nos prometió hablar con la verdad, es que los mexicanos sepan cómo lo escogieron a usted como candidato, porque muchos mexicanos, nos damos cuenta, no quieren hablar de eso. Y usted no nos lo dice...»

—No. Pero usted, mejor, vaya y pregúntele al PRI. Verdad. A mí se me informó de mi partido que yo sería el candidato, asumí la responsabilidad. Entré a una campaña política en condiciones, pues, particularmente difíciles por el momento que estaba viviendo el país. Y el hecho claro, contundente, y del cual sí le puedo dar, pues, todas las explicaciones, aun las anécdotas, fue de cómo logramos ganar el voto de más de 17 millones de mexicanos en unas elecciones en las que, además, se tuvo una participación altísima.

No sé por qué Zedillo insiste en ocultar cómo Salinas lo escogió. Salinas lo ha contado ya en una carta y el propio ex presidente del PRI, Santiago Oñate, reconoció en febrero de 1996 en una conferencia de prensa a la que yo asistí en Washington, que «el candidato presidencial se escoge con intervención directa del presidente». ¿A quién engañamos?

Después de ese intercambio, Zedillo estaba molesto y ya no me quedaban esperanzas de una respuesta clara sobre la posibilidad de que testificara en el caso Colosio.

LOS ESCUDOS DE PALACIO

—Queríamos hablarle del caso de Luis Donaldo Colosio [asesinado el 23 de marzo de 1994 en Lomas Taurinas, Tijuana], su amigo. ¿Cree usted que una investigación seria deba incluir su testimonio? ¿Usted estaría dispuesto a testificar?

—Mire, si yo tuviera cualquier elemento que aportar para resolver este o cualquier otro caso, naturalmente mi responsabilidad sería ofrecerlo. De hecho, cada vez que he visto, o que alguna información me llega, inmediatamente se la transmito al procurador general de la república. Mataron a uno de mis mejores amigos, mataron a mi candidato a la presidencia de la república, mataron a alguien que iba a ser un gran presidente de México, entonces estoy junto con la familia de Luis Donaldo Colosio entre los primeros interesados en que se conozca la verdad y se haga justicia.

—En la carta que usted le escribió a Colosio el 19 de marzo del 94, en la que le decía a Colosio que había tensiones con el presidente Salinas de Gortari, muchos creen que ahí hay una línea de investigación. ¿No cree que ahí hay una línea de investigación en el caso de Colosio?

—No me corresponde a mí, pero me parece que esa deducción, pues, es una deducción muy cuestionable.

—Pero usted escribió la carta, ¿no?

—Creo que la carta es claramente la carta de un estratega de campaña que le está diciendo a su candidato todos los aspectos que hay que tomar en cuenta, y siempre en el peor de los escenarios.

Tras tocar los temas de Salinas y Colosio, el presidente Zedillo ya estaba hermético, incluso cuando empezamos a hablar de religión. No llegué a ningún lado al preguntarle su posición sobre las supuestas apariciones de la Virgen de Guadalupe. Luego criticó veladamente el aparente llamado a la desobediencia del arzobispo primado de México, pero ni siquiera me quiso decir si era católico.

Habíamos quedado en hablar entre 30 y 40 minutos. Finalmente fueron 55 minutos y ocho segundos (y aun así dejamos una decena de preguntas pendientes, entre las que estaban las de Raúl Salinas de Gortari, el encarcelado hermano del ex presidente).

Tengo que reconocer que el doctor Zedillo nunca consultó su reloj ni amenazó con levantarse a la mitad de una pregunta. Quizá nuestras interrogantes fueron más directas y menos reverenciales que en otras entrevistas. Pero para eso son las entrevistas; para conseguir información, no para congraciarse con el presidente y con sus amigos del poder. Quisimos usar un lenguaje directo, sin ambigüedades, que todos entendieran.

Pero Zedillo se resistió a nuestra propuesta. A veces, para él, los silencios y las palabras se convirtieron en escudo. Por eso creo que la entrevista se distinguió tanto por lo que dijo como por lo que no dijo Zedillo.

En fin, para no hacerles el cuento más largo, cuando terminó la entrevista el presidente había perdido el buen semblante con que llegó. No nos miró a los ojos. Un técnico le trató de quitar el micrófono de la corbata, pero él no lo dejó.

—Es de las corbatas nuevas —le dijo.

Y con mucha delicadeza apartó el micrófono de la fina seda de rombos azules, blancos y negros. Se despidió de nosotros de mano, pero fue muy parco. No comentó nada más. Y luego salió del salón, con pasos anchos, como de prisa. Ya no pude estudiar su cara. Sólo alcancé a verle la espalda antes de que cerrara la puerta.

Posdata

He leído algunas críticas a la entrevista en que nos pretenden dibujar —a María Elena Salinas y a mí— como irrespetuosos inquisidores y nos acusan de tener una «óptica gringa». Pero siento mucho defraudarlos y decirles que soy mexicano; formo parte de esa nueva generación de periodistas a la que nos da asco el «chayote» y la «línea oficial». Es la nueva generación de mexicanos (y a veces no tan nueva) que siente el derecho y la obligación de preguntarles al presidente y a los gobernantes de nuestro país sobre los temas que más nos preocupan a todos.

Además, soy de esa nueva generación de comunicadores latinoamericanos que sabe que la credibilidad y la confianza de la gente que nos lee, ve y escucha es el único recurso que tenemos. Si nadie te cree, de nada sirve tu trabajo como periodista. Además, no podemos esperar a que el cambio venga desde arriba. Aunque no les guste, los políticos están obligados a explicar cada una de sus acciones a quienes los eligieron. Los cambios en la política gubernamental de comunicación se exigen, se arrancan, desde abajo.

Y a veces se logran preguntando.

CUAUHTÉMOC CÁRDENAS

El síndrome del salmón

Ciudad de México. Cuauhtémoc Cárdenas casi no había dormido. Pero su tez quemada por el sol de múltiples campañas escondía las ojeras. El rojo invadía lo blanco de los ojos y él prometía:

—Esta misma tarde me recupero con una siesta.

Lo vi tranquilo, lo sentí amable, aunque ya tenía guardada con llave su sonrisa de candidato.

Cuando me encontré con Cuauhtémoc Cárdenas él se había pasado la noche anterior, el 6 de julio de 1997, celebrando su victoria junto con miles de simpatizantes en el Zócalo de la capital mexicana. Fue un gesto cargado de simbolismo. Él y su partido (el Partido de la Revolución Democrática) no sólo ganaron la elección para gobernar el Distrito Federal, sino que literalmente tomaron el centro del país y lo pintaron de amarillo. Y ahí, pasada la medianoche y entre charcos, la gente le gritaba: «Cuauhtémoc, no nos falles...»

Fue una fiesta retrasada exactamente nueve años. Otro 6 de julio, pero de 1988, le robaron (Cárdenas cree) la oportunidad de ser presidente.

—Estamos convencidos (de ese fraude electoral) el 99% de los mexicanos —dijo.

Cárdenas, de 67 años, hijo del ex presidente Lázaro Cárdenas, llegó a la entrevista con su hijo Cuauhtémoc, de 30 años, como abriéndole el camino de la historia.

—Ayúdenos a entender por qué ganó. ¿La gente votó por usted o votó en contra del Partido Revolucionario Institucional?

—Votó por un cambio. Votó porque las cosas puedan ir mejor para la gente en la ciudad...

—Pero, ¿fue un voto de castigo? ¿Fue un voto contra el PRI, un voto contra el partido de Carlos Salinas de Gortari?

—Fue un voto, principalmente, de esperanza. Fue un voto, también, de respuesta a la propuesta que hizo el PRD... Y fue sin duda un voto en contra de lo que representa el régimen, un voto contra la corrupción, un voto en contra de no cumplir los ofrecimientos... En fin, fue un voto que tiene muchos componentes.

—Si Carlos Salinas de Gortari hubiera sido presidente, ¿usted hubiera podido ganar?

—Bueno, sin duda tenemos que reconocer... que con el gobierno de Zedillo se estaba dando un cambio de actitud muy importante en la conducción de las elecciones en el país.

—¿Tiene mérito el presidente Zedillo en todo esto?

—Sin duda. Si no hubiese habido una decisión política por parte del régimen que él encabeza para que las elecciones fuesen distintas en calidad, no estaríamos viendo los avances que hoy estamos viendo y (yo diría) un cambio trascendental en la vida del país: de no tener elecciones a... tener elecciones libres.

—El presidente Zedillo, que fue su enemigo político, le ha ofrecido una «colaboración respetuosa». Éstas fueron sus palabras. ¿Usted le cree al presidente Zedillo?

—Le creo. Además, fue lo que nosotros ofrecimos también desde el inicio de la campaña y lo que esperábamos del gobierno.

—Pero, ¿cómo van a gobernar en la misma ciudad? ¿Cómo va usted a gobernar con el presidente de vecino? El presidente podía hacer lo que se le pegara la gana en esta ciudad. Y ahora, usted entra aquí...

—Mire, afortunadamente ya no puede hacer lo que le dé la gana. Así. Simplemente. Por otro lado, yo no veo al presidente o a los funcionarios del gobierno federal interviniendo, por ejemplo, en discutir con el gobierno de la ciudad por dónde deben pasar las rutas de los camiones de limpia, ni yo me veo metiéndome en decisiones de quién es el embajador en Honduras. O sea que... las facultades de cada quién están bien precisadas en la ley.

—La Ciudad de México tiene enormes problemas de tráfico, de contaminación, de agua, de crimen (hay un crimen cada dos minutos). ¿No es prácticamente imposible pedirle a usted que resuelva, en sólo tres años, todos estos problemas?

—Muchos sí se pueden resolver y sería muy grave dejar correr tres años sin hacer nada. Mire, yo le podría poner un ejemplo: en poco tiempo (con decisión política y con apoyo de la gente) se pudo mejorar muy sustancialmente el cuerpo de policía de Nueva York. Y bueno, Nueva York no es una ciudad con problemas fáciles. Yo no veo por qué en México no podamos hacer cosas similares.

—Pero el presidente le va a escoger a usted el jefe de policía, ¿no es cierto?

—Así es. Pero las facultades para intervenir en las cuestiones de seguridad corresponden al jefe de gobierno [de la Ciudad de México].

—Hablemos un poco más a nivel personal. ¿Usted interpreta su triunfo como reivindicación? Después de haber hecho campaña, prácticamente, por diez años, por fin llega a ganar democráticamente unas elecciones...

—Se llegan a ganar, democráticamente, unas elecciones, pero no como logro personal...

—¿No lo ve como una reivindicación personal?

—Lo veo como un avance de las fuerzas democráticas en una lucha que resultó más larga de lo que muchos pudimos haber pensado. Y nos está dando frutos esta lucha por la democracia.

—Ya que podemos hablar todo, abiertamente, en México... [En 1980] cuando fue elegido gobernador de Michoacán, fue elegido por *dedazo*. Ya lo puede aceptar así, ¿o no?

—No. Fue, fui, eh, candidato [del PRI] por decisión del presidente de la república. Pero puedo decirle que fui electo por la voluntad de los michoacanos.

—Ahora, en las [elecciones presidenciales] del 88, ¿usted está convencido de que hubo un fraude electoral y que usted hubiera ganado?

—Estamos convencidos, yo creo, el 99% de los mexicanos.

—Entonces, si usted está convencido de que ganó, ¿por qué no defendió el voto? ¿Por qué se tuvo que esperar diez años para...?

—Se defendió el voto con los recursos que se tuvieron en ese momento... Esto es, con poca organización, con una capacidad de movilización en el país también muy limitada.

—¿Se habría dado un derramamiento de sangre?

—...No sabemos qué consecuencias podía haber tenido esto. Y no había tampoco seguridad de que, aun recorriendo esas vías, se hubiera podido obtener el triunfo.

—Quiero hablarle un poco sobre las reacciones de su triunfo en el extranjero. Hace unos días se reportaba una fuga de capitales de inversionistas temerosos por su triunfo... ¿Qué va a hacer para calmar los mercados?

—Trabajar. Trabajar por la ciudad. Convocar a la gente que se mueve en el mundo de los negocios a que juntos afinemos el programa económico... y podamos ponernos a trabajar en lo que hace falta, en crear empleos.

—¿Por qué le tienen miedo los inversionistas?

—Porque ha habido una campaña de desinformación, una campaña tratando de presentar al PRD como lo que no es.

—Ayúdeme a definir, entonces. ¿Usted es un candidato de izquierda?

—Mire, yo soy un candidato democrático. No sé en esta época si se puede hablar de izquierdas y derechas.

—Pero [usted] no es un candidato de derecha. O sea, usted no va a ponerse a privatizar y no va a estar apoyando algunas medidas de economía de mercado como lo han hecho el ex presidente Salinas o el presidente Zedillo.

—Yo no voy a ser socio de los negocios que promueva el gobierno del Distrito Federal. Y si algún servicio se privatiza, no va a ser ni para mí, ni para ninguna gente cercana a mí, sino que será para quien convenga a la Ciudad de México. Esto es, el gobierno de la ciudad dejará de vender con una mano y comprar con la otra.

—¿Le asusta el calificativo de izquierdista?

—No. No me asusta el calificativo. Simplemente le diría que nosotros creemos en la libertad de los mercados, en la libertad de la iniciativa para invertir, para tener propuestas positivas en un México (que surge de la Revolución mexicana) en el que yo

261

profundamente creo… Nosotros fundamentalmente rechazamos que sea a través de la corrupción como se promueve la actividad económica.

—Ni siquiera ha tomado posesión, pero ya todos están hablando de sus posibilidades para el año 2000. ¿Ahora sí ya puede anunciar que se va a lanzar [como candidato presidencial]?

—No. Habría que trabajar por la ciudad, y esto es lo importante. Ahora, el PRD sí va a buscar poder ganar otras posiciones electorales, incluyendo la presidencia de la república.

—Pero usted siempre ha querido ser presidente de México.

—No. Yo siempre he querido que haya un cambio democrático en México, que es muy distinto.

—Déjeme hablar de otros temas, que no están muy hilvanados entre sí. Si en México se puede acceder al poder a través del voto, ¿qué mensaje le envía esto a las guerrillas?, ¿qué mensaje le envía esto a los zapatistas?

—Bueno, ahí lo importante será que el gobierno federal busque reanudar los contactos y busque también el cumplimiento de los acuerdos a los que ya se había llegado. Esto será lo más importante para asegurarnos la paz en Chiapas.

—Si ya se está alcanzando la democracia en México, ¿[se podrá] alcanzar la justicia si no regresa al país el ex presidente Carlos Salinas de Gortari?

—Yo creo que es una responsabilidad del gobierno federal investigarlo.

—¿Usted quisiera que Salinas de Gortari regresara?

—Yo quisiera que el gobierno investigara aquellas evidencias o aquellas señales donde parece haber actos indebidos.

—Una última pregunta. En todo este triunfo… ¿cree que su padre tuvo algo que ver?

—Bueno, como pueden haber tenido todos los hombres que en el pasado contribuyeron positivamente al avance del país.

—¿Pensó alguna vez en él cuando triunfó?

—Siempre. Siempre que hay un momento de alegría se piensa en él.

¿Podrá regresar Cuauhtémoc, ahora como presidente, a la residencia oficial de Los Pinos? Es el síndrome del salmón: siempre intentando regresar al lugar donde creció cuando niño.

OCTAVIO PAZ

Diez minutos y 41 segundos

Miami, Florida, EUA. A Octavio Paz lo recuerdo cubierto por la luz y la humedad que lo ahoga todo en el sur de Florida. Cuando vino como relámpago de primavera en 1996, él quería hablar de poesía y literatura. Cuando el ambiente pegajoso y sofocante de la ciudad invade al visitante, en lugar de recordar poemas y novelas, dan ganas de irse a la playa.

De poesía no habló, pero de política sí. En Miami prácticamente nada ni nadie —y aquí se incluye a los premios Nobel de literatura como Paz— se pueden escapar del huracán de preguntas sobre Cuba y Fidel Castro. Es como un rito de iniciación. (El problema es que se repite con cada visita.)

Y junto a las preguntas de Cuba llegaron las de México y las de Estados Unidos. Pero Octavio Paz se las sacó todas de encima con la finura de un torero; capoteando algunas, dando sus estocadas aquí y allá, mareando al toro con sus referencias históricas.

Sus respuestas —a pesar del tiempo y de su reciente deceso— siguen teniendo una actualidad y agudeza sorprendentes. Les ocurre lo mismo que a algunos fragmentos de *El laberinto de la so-*

265

ledad: hay frases y pensamientos que parecen tener vida propia, independientemente del autor.

En ese entonces lo encontré muy alerta y con energía, a pesar de su reciente cirugía en el corazón. Sus ojos claros e inquietos no arrastraban el cansancio de las más de ochenta décadas recorridas. La muerte se había asustado con él.

Para la entrevista con Paz había preparado un largo cuestionario y dos cómodas sillas en uno de los rincones del impersonal hotel del *downtown* donde se hospedaba. Pero Paz andaba de prisa, sin corbata, con una chaqueta verde, como de safari, y mil compromisos por delante.

Hizo a un lado las sillas, dijo que prefería hablar de pie y conversamos exactamente 10 minutos y 41 segundos.

—Encontré un discurso que usted pronunció en el 78. Y entonces dijo: «Los Estados Unidos han ignorado siempre al otro. En el interior al negro, al chicano o al portorriqueño; en el exterior a las culturas y sociedades marginales». Esta corriente antiinmigrante que usted detectaba hace dos décadas, ¿cómo se ha acrecentado ahora?

—Bueno, por razones de orden económico, es un fenómeno universal esta actitud contra los recién llegados que vienen a trabajar en situaciones desventajosas. Se repite también en muchos países europeos, y en los Estados Unidos tiene particular virulencia en el sur.

—¿Tuvo la oportunidad de ver ese video en que unos policías [de Riverside, en California] golpeaban a inmigrantes mexicanos?

—Sí, sí lo vi, me impresionó.

—¿Cómo reaccionó?

—Me impresionó muchísimo. Me pareció repugnante. Me

pareció una afrenta al pasado democrático y al presente democrático de los Estados Unidos... Si olvidamos este episodio desafortunado y reprobable de los golpeados, es un fenómeno muy complejo. Se debe en primer lugar, como todos sabemos, al excesivo crecimiento demográfico de México y a la imposibilidad que hemos tenido de dar empleo a toda la gente... A mí me parece que lo más urgente (no para resolverlo mañana sino en el futuro próximo) es volver a la idea del control de la natalidad. Es la única manera en que nuestro país no solamente deje de enviar trabajadores a la frontera, sino también de que se restablezca un comienzo de justicia social.

—¿Usted cree que Estados Unidos se ha asumido como un país multirracial, multiétnico, o es precisamente ése el problema que tiene Estados Unidos?

—Bueno, el gran problema de los Estados Unidos es una transición histórica. Los Estados Unidos nacieron siempre como un país fundado en una noción que en Europa no tenía vigencia, lo que llaman el *melting pot,* la unión de todos; la matriz del idioma inglés y de la religión protestante. Esto fue en el siglo XIX. Y evidentemente quedó excluida del *melting pot* la minoría negra y también otras minorías, entre ellas la mexicana. Pero esto fue aumentando y cambió de fisonomía en la segunda mitad del siglo XX. Y se empezó a comprender que los Estados Unidos es un país multirracial y un país multicultural, y que en consecuencia la vieja solución del *melting pot* ya no era suficiente. Y hay que crear nuevas instituciones políticas. Éste es el gran reto histórico de los Estados Unidos.

—¿[Estados Unidos] es un país en declive, una superpotencia que está perdiendo fuerza?

—No. Yo no creo en los declives. Los americanos están em-

decline

peñados en esta idea del declive, de la decadencia, porque esto los inserta en la historia. Un país que nació como un país del futuro, si es un país en decadencia, quiere decir que empieza a tener un pasado. Y eso es aristocrático. Los pobres mexicanos, al contrario, estamos ahogados por la persistencia de muchos pasados; el pasado indígena, el pasado español, etcétera... Las sociedades [a nivel mundial] atraviesan por un periodo difícil. El fin de las grandes construcciones metahistóricas (por ejemplo, la última fue el comunismo), el fracaso de todo esto que de un modo un poco inexacto llaman utopías, nos ha dejado sin un camino claro que seguir. Tenemos que inventar nuestro camino.

—Precisamente, tras el fin del comunismo ahora se habla del neoliberalismo. Y después del neoliberalismo, ¿qué hay?

hollow

—Bueno, eso del neoliberalismo suena a expresión hueca, a mi juicio, inventada por gente que en realidad está hablando del capitalismo y ciertas formas que yo desapruebo del capitalismo. Pero si el neoliberalismo es el mercado, pues sin mercado no hay vida económica. Lo que hay que hacer es orientar al mercado, humanizarlo como se intentó en la primera mitad del siglo xx. Y creo que lo podemos hacer.

—Hablando sobre México, le escuché un comentario hace poco en que usted pensaba que México está transformándose poco a poco, que se está abriendo y dejando atrás esa máscara de la que hablaba en *El laberinto de la soledad*. ¿Efectivamente México se está abriendo o sigue escondido en la máscara?

—Bueno, como en todos los países, hay tendencias contradictorias. De igual modo que en loa Estados Unidos hay un renacimiento de los racismos y de los particularismos, también en México he observado en los últimos meses un cierto renacimiento del nacionalismo en su forma más grosera, diríamos, menos inteligente. Esto sería grave. Los mexicanos tenemos mucho que aprender de fuera.

—¿Usted cree que el presidente Zedillo ganó las elecciones debido a la inquietud que tenían los mexicanos con el zapatismo?

—Una de las razones ha sido (fue) la inquietud, el temor de una parte de la población ante la posibilidad de volver a las guerras civiles, a las revueltas y a la violencia. El presidente Zedillo ganó por muchas razones, como ocurre siempre en los regímenes en donde impera el voto. En México (aunque nuestro sistema electoral ha sido profundamente imperfecto), creo que el triunfo del presidente Zedillo, excepcionalmente en la historia de los últimos años en México, fue legítimo.

—¿Se le puede hacer ya un juicio político, un juicio al gobierno de Salinas de Gortari?

—Bueno, sí, un juicio político se le está haciendo todos los días. Un juicio histórico todavía no.

—¿Le pareció un buen presidente Salinas?

—Muchos aspectos de su régimen fueron buenos. Hay que decirlo de un modo tranquilo. Otros no. La gran pretensión de Salinas, y lo que fue importante de su régimen, fue la tentativa de modernizar al país. Esto me parece que era la tarea y es la tarea histórica a la que se enfrenta México: la modernización. Al mismo tiempo, los métodos no fueron los mejores, sobre todo ahora que hemos sabido la protección o la impunidad de que gozó su familia. Esto es una herencia del pasado y esto es el origen de muchos de los fracasos históricos de México, lo que llamaríamos patrimonialismo: el concebir al Estado como propiedad personal de un hombre o de una familia. Sí hubo patrimonialismo en el caso de Salinas, por lo visto con su hermano. Y esto sí es lo más grave.

—El último: Cuba. Usted se refería a Fidel Casto como una combinación de dictador con caudillo...

—Bueno, en Fidel Castro hay en primer lugar el fenómeno del caudillo latinoamericano. El caudillo latinoamericano es el hombre que gobierna por él mismo con un régimen de excepción. No son los únicos caudillos que ha habido. En el siglo XX hemos conocido caudillos como Hitler o como Stalin, aunque no es la tradición del caudillaje hispanoamericano. Bueno, en ese sentido Fidel Castro representa la continuación de una tradición nefasta en América que es la tradición de los caudillos...

—¿A usted le parece que Castro es un dictador?

—Un caudillo es generalmente un dictador. En segundo lugar es un nuevo tipo de caudillo que ya desapareció en Europa, que es la dictadura impersonal de una burocracia ideológica. Eso fue el comunismo y esto también Fidel Castro, en cierto modo, lo encarna. Es decir, en él se cruzan dos influencias históricas muy distintas: la del viejo caudillismo latinoamericano y la de la ya muerta dictadura burocrática totalitaria.

Y así concluyó Octavio Paz... todo en menos de once minutos.

POSDATA

Paz murió el 20 de abril de 1998, poco, muy poco después de que perdiera su biblioteca en un incendio en la Ciudad de México.

CLINTON JIMÉNEZ

El de La Realidad

La Realidad, Chiapas. Clinton Jiménez Hernández tiene sólo cuatro años de edad, pero ya juega a ser guerrillero zapatista. La tarde que lo conocí cortaba el aire con un pedazo de madera ¡zas!, ¡zas! y luego se tiraba al suelo fingiendo morir. Nunca ha visto una televisión; los gestos de la guerra los aprendió en carne propia. Es tan flaquito que cuando corre parece que sus diminutos pies descalzos ni siquiera tocan la tierra. Siempre usa la misma camiseta morada, muy apretada y con un anuncio de cigarros sobre el pecho.

Clinton, sin duda, es un nombre poco común para un indígena tojolabal. Pero su padre lo escuchó alguna vez, cuando el candidato Bill Clinton simbolizaba el cambio y el presidente George Bush lo mismo de siempre. Y Clinton se llama, así, de primer nombre, arrejuntado con el Jiménez del papá y el Hernández de la madre.

Este Clinton —el de Chiapas, no el de Washington— vive en La Realidad, uno de los pueblos controlados por la guerrilla zapatista, a unos 50 kilómetros de la frontera con Guatemala.

271

(Siempre es reconfortante saber que al menos uno de los dos Clinton que conozco vive en La Realidad.)

La abuela de Clinton Jiménez Hernández es doña Tere, la partera. Ella ha ayudado a nacer a unos 200 «realistas», es decir, casi la tercera parte del pueblo llegó a este mundo a través de sus habilidosas manos curtidas por el sol.

En su cocina de leña, doña Tere me ofreció generosamente lo que come un día sí y otro también: frijoles con tortillas y café. La comida tiene la ventaja de que se siembra, cosecha y hace en casa; no puede ser más natural. Pero el menú no ha cambiado por décadas y el enfrentamiento armado con el gobierno ha tenido el efecto de reducir cada vez más las porciones. Para darle variedad a la comida, a veces añade a los frijoles la carne de una de las gallinas que rondan por los pisos de barro y lodo. Pero si doña Tere, sus tres hijas e innumerables nietos comieran gallina todos los días, se las acabarían en un fin de semana. (Los hombres en la casa de doña Tere brillan por su ausencia y las mujeres se tienen que encargar de todas las labores de manutención.)

A unos pasos de la despintada casa de madera de doña Tere está la escuela primaria a la que en un par de años irá Clintoncito, si es que hay maestros para entonces. Ahí no hay imágenes colgadas de Benito Juárez ni del sexenista de turno, pero sí del subcomandante Marcos. En uno de los dos salones de clase me encontré con algunos dibujos hechos por los estudiantes, con escenas de helicópteros disparando y de guerrilleros respondiendo al fuego.

Frente a la escuela hay una improvisada cancha de futbol donde se juega casi todas las tardes. Sobre ella, entre polvo y sudor, es fácil identificar a los muchachos zapatistas por las botas que les llegan a la mitad de las pantorrillas. Es complicado correr así, pero vi a varios de ellos perseguir, con ánimo y risas, una desinflada pelota. Y si negocian sus demandas con el mismo entusiasmo y convicción con que juegan al *soccer,* ya se puede entender por qué el gobierno se ha llevado tantos pisotones y cambiado a tantos jugadores en las conversaciones de paz.

La Realidad es una de varias poblaciones de Chiapas que no controla el gobierno central del presidente Ernesto Zedillo. No llegan los camiones de la Coca-Cola, ni el agua potable o la electricidad. Pero los soldados del ejército mexicano tampoco se atreven a entrometerse en los asuntos de este microcosmos de velas y susurros. Los militares patrullan el pueblo, pero generalmente pasan de largo, entre desafiantes y asustados. Hace como un año —en 1995—, cuando el gobierno trató de establecer aquí un campamento militar, las mujeres expulsaron a los soldados. (Los hombres y jóvenes habían tenido que huir a las montañas.) El incidente —una verdadera victoria feminista— es todavía motivo de orgullo para las mujeres de La Realidad.

En esta población, los habitantes establecen sus propias reglas (entre ellas la prohibición de tomar alcohol), y escogen a los gobernantes de acuerdo con los usos y costumbres. Si el ejemplo de autogobierno de este pueblo se repitiera en otras partes de México, habría que declarar vacantes varios puestos del gobierno federal. El miedo no anda en burro y por algo los representantes del zedillismo quieren evitar que sus negociaciones con los zapatistas tomen un carácter nacional.

Ahora bien, tampoco hay que exagerar y caer en un absurdo romanticismo revolucionario. Los habitantes de La Realidad son pobres, muy pobres, y su situación económica no ha mejorado mucho desde que se aliaron con los zapatistas. Las familias más afortunadas ganan entre 25 y 30 pesos diarios, y eso sólo si tie-

273

nen un buen año con la cosecha del café. Hasta los perros calle-
jeros reflejan esa miseria: nunca los he visto más flacos y enfer-
mos que en La Realidad.

El futuro de Clinton Jiménez Hernández sigue colgado de un
hilito. Es difícil saber si acabará como un indígena orgulloso de
su herencia en una zona de paz o como un miembro más de la
primera guerrilla poscomunista del mundo. La moneda está en el
aire... *like "flipping coin"*

POSDATA

Para los escépticos: Clinton Jiménez efectivamente se llama así.
Y el pueblo de La Realidad existe en Chiapas, aunque su nombre parezca sacado de un escondite de la literatura o de uno de
los rincones del mundo cibernético de Internet.

Isabel Allende

Con el corazón en las manos

Toma *Diet Coke* y no le da miedo el *espanglish*. Nació en Perú, se siente chilena y lleva 20 años viviendo como extrajera, en tierra de nadie. Sus largos aretes plateados, con formas precolombinas, tintinean mientras habla. Apenas pasa de un metro y medio. Camina rápido y con pasos cortos. Parece que sabe a dónde va. Si es tímida, lo esconde perfectamente. No duda en decir que en Chile hay miedo a otro golpe militar. Critica por igual el embargo norteamericano contra Cuba que las deportaciones de balseros y la proposición antiinmigrante 187 en California. Proyecta la imagen de una mujer con una misión que cumplir. Inmediatamente establece contacto, te mira a los ojos y da la impresión de que no se permite decir mentiras. Es firme, pero no dura ni intransigente. Pronto sabes que toca y se deja tocar emocionalmente.

Conocí a Isabel Allende cuando estaba de *tour* en Miami, a principios de mayo de 1995. Su libro, *Paula,* había sido traducido al inglés y, como parte de su contrato, estaba obligada a promoverlo en varias ciudades de Estados Unidos.

—Antes no había que hacer eso —me dijo—. Antes los escritores escribían y las editoriales publicaban los libros y los vendían. Pero cada vez más esto se ha convertido en una especie de producto que el mismo escritor se supone que debe vender.

El escritor, en esta época de *mass-mediatización,* es a la vez el creador y el vendedor, y de eso casi nadie se salva.

En esta doble función escritora/promotora, Isabel Allende ha tenido éxito. El *The New York Times Book Review*, que es como la biblia de la literatura comercial en Estados Unidos, marcaba a su libro entre los más vendidos y las críticas literarias habían sido muy positivas. Ocurrió lo mismo en Italia, Alemania y España. Nada mal para una mujer que creía no haber logrado nada en la vida antes de cumplir los 40 años.

Cuando conocí a Isabel Allende, ella estaba en viaje de trabajo, pero emocionalmente seguía de luto. Pocas veces en la conversación mencionó el nombre de su hija Paula sin que se le aguaran los ojos. Paula murió a los 28 años de edad por una extraña enfermedad del metabolismo llamada porfiria. De esa experiencia, sin refugios, surgió el libro.

Me sorprendió que muchos lectores tuvieron una reacción similar, catártica, respecto a Paula; recuerdan, lloran y se reconcilian con sus muertos a través del dolor de la escritora. A mí me pasó algo parecido.

Comenzamos la entrevista hablando de los temores que tenía al iniciar la gira de promoción del libro en inglés.

—Tenía un miedo terrible de hacer el *tour* para este libro, para *Paula*, porque pensaba que iba a tener que hablar del libro, y hablar de ella en todas las ciudades donde iba a estar me iba a volver loca. Sin embargo, ha sido muy bueno. La respuesta de la gente ha sido fantástica.

—¿No se ha desgastado demasiado emocionalmente?

—No, todo lo contrario. La gente me da una energía. Todas las noches me toca hacer una lectura en alguna parte. Creo que me va a tocar en una iglesia esta noche. Y la energía que te devuelve la gente es tan maravillosa que quedo electrificada.

—¿Así que fue una experiencia positiva?

—Buena.

—Estaba leyendo la última novela de Milán Kundera, *La lentitud,* y decía que los escritores en otras épocas escribían para un grupo de amigos y que ahora los escritores tienen que escribir para un público anónimo. Y usted, ¿para quién escribe?

—Para mi mamá. Yo escribo para que ella lo oiga. Siempre tengo en mente que es una persona, por lo general una mujer, con la que yo voy a establecer una conversación íntima y descarnada. Puedo decirlo todo, todo está permitido.

—¿Así que usted sigue escribiendo, como decía Kundera, para un grupo especial, para una sola persona?

—Ni siquiera para un grupo, a veces nada más para uno.

—*Paula* me parece que fue mucho para usted.

—*Paula* fue para Paula. Empezó *Paula* como una carta para ella. Y porque era mi hija podía abrirme completamente; después, cuando me di cuenta de que no iba a mejorar y de que no iba a poder leer esa carta nunca más, nunca, ¿eh?, seguía escribiendo porque ya no podía detenerme. Era como una catarsis, una terapia, una manera de sobrevivir, una manera de pasar las horas que fueron muy largas, un año entero.

—¿Le molestan las comparaciones que le hacen constantemente con Gabriel García Márquez?

—Que hacían; ya no se hacen tanto, gracias a Dios. [*Se ríe.*]

—Sí, después de *El plan infinito,* ¿ahí terminó?

—No… las comparaciones se hicieron básicamente con *La casa de los espíritus,* que también es una saga familiar y que tiene muchos elementos que podrían ser eco de *Cien años de soledad.* A pesar de que no tenía, por supuesto, en lo absoluto en la mente a García Márquez cuando escribí el libro.

—¿Pero estas comparaciones le parecen injustas?

—Mira, al principio me sentía muy halagada, porque sentía que… considero que García Márquez es el mejor escritor que ha pasado por este continente, así que la comparación con él era muy halagadora. Pero después de siete libros… en… ya empiezo a… ya no se hace la comparación, pero si se hiciera yo creo que me molestaría un poco, es como que a la mujer se le niega siempre originalidad y talento. Siempre tiene que tener un modelo masculino con el cual te están comparando, midiendo permanentemente; no sólo en la literatura, por supuesto, en muchas cosas.

—¿Usted cree que hay un tipo de literatura en que sólo las mujeres están incursionando?

—Las mujeres han estado escribiendo siempre, contra viento y marea, porque es muy difícil para una mujer ser publicada, que se respete su trabajo. Fíjate que *Frankenstein,* que fue escrito por Mary Shelley, no se publicó con su nombre porque los editores consideraron que el nombre de ella hacía que desmereciera la calidad del libro, así que se publicó como un anónimo. En esas condiciones muchas mujeres han publicado por centenares de años, así que es muy difícil para una mujer ser respetada, que la crítica respete, que los profesores enseñen tus libros, que los editores den a tu trabajo la misma categoría que se da a los escritores masculinos. Es difícil; entonces en esas condiciones las mujeres escriben con una perspectiva diferente y siempre en desventaja.

»Ahora lo que está pasando es que muchas más mujeres compran libros que hombres, y muchas más mujeres están escribiendo porque las mujeres lectoras exigen libros escritos por mujeres, así es que estamos invadiendo un mercado como quien dice, y hay una tremenda energía de voces femeninas que están revolucionando la literatura, en Europa, en América Latina, en Estados Unidos sobre todo.»

—¿O sea que en literatura usted cree que la mujer está de líder, llevando la pauta?

—No de líder todavía, pero creo que cada vez tiene una voz más poderosa. En Estados Unidos, la literatura más interesante que se está publicando hoy día es escrita por mujeres de minorías étnicas, africanas-americanas, chicanas, latinas que escriben en inglés, ¿eh?, chino-americanas, japonesas-americanas, indígenas... Ésa es la literatura que tiene más fuerza en estos momentos.

—Ya que está hablando de estas minorías, después de siete años en Estados Unidos, ¿usted se siente chilena o hispana? ¿Qué se siente?

—No sé que me siento, porque salí de Chile hace más de veinte años; sin embargo, siempre voy a ser chilena, hablo español como chilena, tengo cara de chilena, si voy por la calle la gente me reconoce [*se ríe*].

—¿Sigue consumiendo comida de su país?

—De todo, se come de todo en casa. Pero siento que mis raíces son chilenas, y sin embargo he podido hacer una vida, y reproducir una familia chilena extendida en California... que es un poco hecha como un *patchwork* porque...

—Eso es *espanglish*, ¿eh?

—Sí... [*se ríe*]. ¿Cómo se dice en español? No sabes tampoco [*me apunta con el dedo; reímos*] un mosaico... como un mosaico...

en que hay de todas las nacionalidades, porque mi nuera es vene-
zolana, mis nietos nacieron en Estados Unidos, mi marido es
americano, mis hijastros son americanos, así es que hay de todo.
Sin embargo, creo que mi casa tiene un sello... muy chileno.

—¿O sea que usted se siente chilena, hispana, o son las dos
cosas, o trata de evitar las clasificaciones?

—Las dos cosas... lo evito hasta donde puedo, pero las dos
cosas...

—Pero, ¿por qué lo evita?

—Porque cuando uno se clasifica... pierde. Mientras menos
clasificaciones más apertura hay para ser libremente lo que uno
es como ser humano y lo que uno quiere ser. Todas las cosas que
sean muy patrióticas a mí me producen desconfianza, porque bajo el gran título del patriotismo uno hace muchas estupideces, así
es que eso... tengo mucho cuidado con eso...

—Hablando de su país, José Donoso escribía (cuando presentó su último libro) que Chile es un país que ha olvidado su alma, y que lo primero que él haría sería destruir a todos los políticos que son nefastos. ¿Comparte las opiniones con Donoso en
ese sentido?

—Yo creo... no... en absoluto... Yo creo que todo país necesita una actividad política, y necesita un cuerpo dedicado a la
política, lo que yo eliminaría en toda América Latina, empezando por Chile... son los militares, que no cumplen absolutamente ninguna función, pero no el cuerpo civil.

—¿Chile, según usted, no ha perdido su alma?

—Yo creo que el alma de Chile ha sufrido mucho y ha cambiado. Porque estamos cambiando de milenio, el mundo está
cambiando. Si José Donoso compara también los cambios que
han habido en España o en Estados Unidos, también podría de-

cir tal vez que hemos perdido el alma, pero yo creo que lo que pasa es que el alma está cambiando, las manifestaciones están cambiando… Y yo veo que Chile está viviendo un proceso extraordinario de reconciliación nacional para empezar, de descubrir una verdad que por 17 años estuvo oculta y vivir con eso, aprender a vivir con esa carga, y tratar de construir un futuro sobre otras bases.

—Los militares en Argentina se han confesado públicamente y han perdido perdón públicamente. ¿Puede ocurrir en Chile?

—No va a ocurrir en Chile mientras exista el general Pinochet. El general Pinochet en este momento es el jefe de las fuerzas armadas todavía; mientras eso pase, todos los crímenes de la dictadura serán olvidados con una ley o un decreto de amnistía, y nadie se va a atrever a mover demasiadas olitas mientras él esté allí… Ningún militar va a salir adelante a pedir perdón… eso va a ocurrir después… si es que ocurre.

—¿Hasta qué punto Pinochet sigue dirigiendo o gobernando ciertas áreas del país?

—Bueno, porque la estructura militar permanece intacta, y después de 17 años de sentir el peso de las botas, uno tiene mucho cuidado con lo que hace. Es una democracia de transición la que nosotros tenemos en Chile, condicionada…

—¿Sigue habiendo miedo en Chile?

—Yo creo… claro que hay miedo. Hay miedo a que haya otro golpe militar en cualquier momento, o a que haya terribles represalias. Yo creo que no va a ocurrir eso, yo creo que la democracia lo está haciendo muy bien, el presidente lo está haciendo muy bien, y no tengo miedo por eso, pero la gente… claro todavía tiene el recuerdo muy reciente de lo que ha ocurrido.

—En su libro no me quedó muy clara su posición sobre la muerte de Salvador Allende. ¿Se suicidó o lo mataron?

—Eh... muchísima gente piensa que la versión oficial del suicidio no es correcta... que lo mataron. Sin embargo, no creo que sea muy importante... cuando Salvador Allende entró a La Moneda el 11 de septiembre al amanecer, iba dispuesto a morir. La última conversación que tuvo por teléfono con mi padrastro, que era el embajador en la Argentina, lo llamó a la Argentina, se despidió de él porque iba a morir. Así es que si se suicidó o si permitió que lo mataran y se quedó allí hasta que lo mataran... es irrelevante... lo que es importante es que este hombre tenía un sueño político, un sueño social, de reformas sociales para Chile...

»Era un hombre extremadamente valiente y que no habría renunciado a su posición de presidente, donde el pueblo lo había colocado con mucho esfuerzo; de ninguna manera se habría ido al exilio... iba a morir de todo modos.»

—Pero usted prefiere no decir, ¿qué es lo que piensa?

—Yo no estoy segura. No estoy segura, no tengo pruebas de ninguna de las dos cosas.

—Pasando a otro tema, usted ha sido inmigrante por muchos años. Fue inmigrante en Venezuela, ahora en Estados Unidos. Luego la vi involucrada para luchar contra la proposición antiinmigrante 187 en California. ¿Qué está pasando aquí?

—Bueno, todos sabemos lo que está pasando... una situación en la que los inmigrantes, sobre todo los latinos, se han convertido en el objetivo de todo el rencor y el odio que hay en este país, odio de raza y odio contra la gente, contra la gente pobre. Cualquiera que tenga un tono de piel más oscuro, que tenga un acento, se convierte automáticamente en una persona sospechosa. Al mismo tiempo, esta gente viene a Estados Unidos porque aquí les dan trabajo, porque la economía norteamericana los necesita. Entonces están dispuestos a traerlos, a pagarles como esclavos, a darles el mínimo de garantías, y el mínimo de facilidades para que tengan una vida decente, y apenas la situación se pone un poco difícil... echarlos del país, o matarlos... no sé lo que van a hacer.

»Yo estoy en contra de la Proposición 187 porque crea una subclase dentro de este país, igual que en un país del Tercer Mundo, una subclase que no tiene educación, que no tiene acceso a la medicina, que son marginales completamente. Si hay un problema de inmigración hay que controlarlo en la frontera, con leyes de inmigración, con tratados de inmigración con los países de los cuales los inmigrantes vienen... o con control en la frontera, pero una vez que uno tiene a esta gente aquí, ¿vas a dejar a un niño sin vacunar porque es hijo de un inmigrante ilegal?, ¿vas a dejar a una persona que se muera en un parto o en un ataque de corazón porque es un inmigrante ilegal...?, ¿vas a decirle a un profesor que les diga a sus niños... usted no puede entrar a clase, usted no puede recibir el desayuno escolar porque es un inmigrante? Yo creo que eso genera una situación de extrema violencia.»

—En este contexto, hace muy poco el gobierno de Estados Unidos decidió empezar a deportar a los refugiados cubanos que encuentra en el mar. ¿Qué le parece esto?

—Eh... yo no estoy de acuerdo, no estoy de acuerdo en principio, porque por mucho que haya eh... un entendimiento de que se retorna a esa gente a su país de origen y no va a haber represalias, no hay ninguna garantía de que eso va a ser así. Yo pienso siempre, en que es una situación en muchos aspectos similar a la que vivimos en Chile. Qué hubiera pasado si muchos de ésos, de ese millón de inmigrantes que salió de Chile después del golpe militar hubieran sido retornados a Chile. No creo que habrían encontrado trabajo, habrían sido las primeras víctimas de la represión en todo caso, y si salieron es porque estaban desesperados... Por otra parte, admito, Estados Unidos tiene un problema de inmigración, y hay que buscar soluciones.

—Sobre el embargo a Cuba, ¿está de acuerdo en que se levante?

—Yo creo que ha sido inútil, que hay que levantar el embargo y establecer relaciones y tratar de que se abra Cuba, y de que no haya este problema de inmigración, y que no haya este problema con Cuba que es como un fantasma que ya lleva más de 30 años, y que es hora de resolverlo... no hay para qué arrastrarlo más. Terminó la guerra fría hace mucho tiempo.

—Déjeme entrar realmente en el tema del libro *Paula*. ¿Por qué decidió no escribir ficción?

—Hay un filtro. Puedo leer en inglés mi libro en público más o menos bien; si lo tengo que hacer en castellano, posiblemente termino llorando, porque en inglés no lo escribí yo, hay un filtro de la lengua que establece una pequeña distancia... bueno, por la misma razón que hago el amor en español... [*Se ríe.*]

—Hay algo en los escritores que dicen que sienten el inglés mucho más conciso, y que el mensaje llega mucho más al lector, ¿esto pasó en su libro también?

—No lo sé porque yo lo escribí en español. Yo solamente puedo escribir en español, pero me doy cuenta de que me ha cambiado el estilo desde que vivo en Estados Unidos. Se ha hecho mucho más conciso, más preciso. El ejercicio permanente de pensar en inglés te obliga a ser mucho más preciso en tu propia lengua también.

—El hecho de que se haya decidido a hacer un libro que no sea ficción, ¿al final quiere decir que esta influencia ya le está tocando a usted?

—No... este libro no fue planeado. Este libro quisiera no haber, no haberlo escrito... este libro nació de una circunstancia muy trágica que fue la muerte de mi hija [*se le humedecen los ojos*] y nunca pensé ni que lo iba a escribir, y después que lo escribí ni que lo iba a publicar.

—¿Pero por qué se desnudó ante todos nosotros, por qué lo hizo?

—Me desnudé ante ella primero, ante Paula; podía hablar con ella todo. Y los temas que escogí para contarle fueron aquellos temas de los que habíamos hablado muy poco las dos. Por ejemplo, cuando le hablé, cuando hablo en el libro extensamente sobre lo que pasó en Chile, antes, durante y después del golpe militar, es porque yo nunca tuve oportunidad realmente de hablar de esto con Paula. Las circunstancias se dieron en tal forma y tan precipitadamente que yo salí de mi país en 24 horas y después, un tiempo después, salió mi marido con los niños. Y nunca les dijimos a los niños... mira, es por esto que salimos, simplemente asumimos que ellos tenían que seguir el destino de los padres. Entonces ahora me pareció que era oportuno explicarle cuáles habían sido las circunstancias...

»En una ocasión yo me enamoré de otro hombre y me fui de la casa y dejé a mis hijos por tres meses, cuando regresé y viví después con mi ex marido nueve años más... nuca se habló del tema. Nunca, ni él ni yo mencionamos el tema, igual como si no hubiera pasado. Entonces me parece que ya era hora de decirle a mi hija... esto fue lo que pasó, Paula, por esto pasó...»

—Era una carga... ¿usted sentía una carga?

—Sí... un deseo de explicar...

—¿Casi había que confesarlo?

—No... deseo de explicarle un poco la cosas... Después, cuando ya tomé la decisión de publicar el libro, hablamos con mi madre, porque mi madre es la que edita mis libros, la que los corrige... Mi mamá me dijo... Tú quieres exponerte de esta manera, hay que cambiar nombres de gente, hay que cortar cosas... ¿Para qué ponerte así? Y traté de hacerlo pero no pude, era... cada vez que lo intenté era traicionar el espíritu del libro, traicionar la intención, la motivación por la cual el libro fue escrito. Y no lo hice al final, lo único que hice fue sacar copias de los manuscritos y se las mandé a toda la gente que está mencionada con sus nombres en el libro...y todos aceptaron estar allí.

—¿Es el libro más difícil para usted? ¿El libro que le ha costado más trabajo escribir?

—El que he llorado más, sí, pero salió de una manera muy natural, porque fui escribiéndolo a medida que pasaban los acontecimientos. Hay algunas personas, profesores de literatura que han hablado de la estructura del libro, de los aspectos literarios, y yo les digo... cualquier valor que eso tenga no es responsabilidad mía en este momento porque la verdad es que salió... se fue haciendo solo el libro... fue como que estaba allí... mi trabajo fue desenterrarlo.

—En el libro dice «No quiero seguir viva y morir por dentro». ¿Ése fue el propósito del libro?

—No, el propósito de libro era simplemente que pasaran las horas. Ese año que Paula estuvo enferma, fue muy largo, y me da la impresión de que todos los días fueron iguales. Fueron días de espera y de frustraciones... de llorar mucho. No pasaba nada, había horas de horas de horas que se arrastraban, las horas que yo estaba escribiendo eran horas que se pasaban más rápido, eran horas alegres, así es que me ayudaron a pasar este año... y después que ella murió, reescribir el libro y volver a vivir etapa por etapa todo lo que pasó me permitió encontrar un camino dentro de ese laberinto, dentro de esa confusión de recuerdos y de cosas. Y me ayudó también por la parte práctica de estar seis horas al día dedicada a algo y no llorando.

»Cuando digo que no quiero seguir viva y morir por dentro, es porque estaba completamente segura de que al morir Paula... moría yo también... pero estoy...»

—¿Fue un salvavidas que la sacó un poco a flote?

—La literatura ayudó, pero lo que más ayudó fue la familia. Tener toda esa gente de una familia latina conmigo. Mi madre desde Chile, otra madre postiza que tengo por ahí, hermanas adoptadas, mi hermano de Atlanta, mi marido, mi hijo... todo el mundo alrededor... y tres nietos que son una fiesta.

—Me sorprendió mucho que dentro de todo el drama y la tragedia usted encuentra mucha energía... ¿no?... y le preguntaba sobre ser una bruja protectora... escribió algo muy bonito sobre ser bruja protectora... ¿eh...?, básicamente que se le ocurría que a las abuelas les toca el papel de brujas protectoras porque deben velar por la mujeres, por los jóvenes, los niños, las víctimas de tantas violaciones... ¿usted se siente eso... una bruja protectora?

—Siento que soy, que he entrado en una etapa de mi vida muy interesante, ya no estoy en el mercado de la seducción, gracias a Dios, Dios mío, gracias a Dios...

—¿Seguro?

—...Una tremenda liberación [se ríe]... y puedo dedicar toda mi energía a cosas muy creativas como son el trabajo, y tratar de hacer feliz a un montón de gente a mi alrededor, a los niños, a mi nuera protegerla, dentro de lo que se puede... pero sabiendo siempre que esa protección es muy limitada... yo no pude proteger a Paula, no pude salvarla de lo que le pasó, no pude controlar las circunstancias... nada... lo único que pude hacer fue quererla, acompañarla, y estar con ella cuando murió.

—Déjeme hacer la pregunta clásica, cliché. ¿Qué sigue?

—¿Qué sigue?

—Sí. ¿Va a escribir ficción? No sé si quiera hablar de eso.

—Empecé otro libro el 8 de enero de este año, pero no he podido escribir, y no sé si... los 8 de enero... eh... por cierto...

»[*Se ríe.*] El 8 de enero... no sé si voy a poder escribir.»

—¿Ficción?

—Ficción... pero no importa, no hago planes, una de las cosas que aprendí durante ese año es que los planes son inútiles, porque todo te lo da vuelta así, el destino.

—Le quería dar las gracias por llevarnos de la mano a los que pasamos por lo mismo que usted...

—Gracias, Jorge.

Carta a mi papá mientras leía Paula, *de Isabel Allende*

Ciudad de México, junio del 94

Querido Pa:

Te estoy escribiendo esta carta en la sala de espera del hospital para que la leas cuando despiertes de la anestesia y te sientas mejor. Qué bueno que tú no te has dado cuenta de nada, pero como dicen los jóvenes aquí en México, ha estado «grueso».

¿De qué te acuerdas? Los doctores dicen que sólo te vas a acordar un poquito después del infarto. Luego nada. Pero lo que no recuerdas es lo que nosotros no podemos olvidar. En una operación brutal, los médicos tuvieron que revivir tres veces tu corazón y ponerle tres «puentes» a tus arterias tapadas. Cuando supe lo que te iban a hacer yo no podía pensar muy claro. Sólo repetía estas palabras en inglés: *triple bypass, triple bypass*.

Yo estaba en Bogotá cuando me avisaron en la madrugada de un martes interminable que te tenían que operar de emergencia. Afortunadamente encontré un vuelo directo a la Ciudad de México y aquí me tienes. Nos separan sólo dos puertas de vidrio. Podemos verte tres veces al día, media hora cada vez. Los doctores nos dicen que estás grave pero estable. Realmente nos estamos agarrando de cualquier cosita para mantener el optimismo; que moviste un dedo, que parpadeaste, que tienes hipo.

Ya llevas cuatro días durmiendo. Lo que pasa es que te tienen anestesiado en la sección de terapia intensiva. Dicen que así te recuperarás más rápido y que no sufres por el dolor. Terapia intensiva está en el tercer piso. El limbo o el purgatorio también deben estar en un tercer piso. En el elevador uno sabe perfectamente quiénes van ahí, por las caras largas que tenemos. A los que se bajan en el primer piso sí que se les ve contentos. Ahí está la sección de maternidad.

Pero déjame decirte algo: estás en buena compañía, estás rodeado de luchadores. Claro, no de lucha libre, sino de luchadores por la vida. No me refiero únicamente a los médicos que te revivieron y que como magos manipularon el don de la vida con sus máquinas maravillosas e ininteligibles para mí.

289

No, me refiero también a otros pacientes que están en tu misma sección. En el cuarto que queda al lado del tuyo está la mamá de Francisco. Tiene un cáncer incurable en el cerebro, pero igual que tú, no se da por vencida. A Francisco no lo conocía, pero hemos vivido cosas muy parecidas. Los dos nos fuimos a Estados Unidos porque aquí nos era muy difícil desarrollarnos profesionalmente. Ahora los dos regresamos a México llenos de angustia y a los dos nos da miedo apartarnos del hospital mientras ustedes estén aquí.

No están solos. Ahí, al fondo del pasillo de terapia intensiva hay dos personas que se quemaron cuando les explotó un envase de gasolina. Uno de ellos respiró en el momento de la explosión y se quemó los pulmones. Literalmente se le metió el infierno por las narices. Te cuento esto, no para asustarte, sino para que te des cuenta de que formas parte de un grupo muy selecto que no está dispuesto a decirle adiós a la vida.

No sé de dónde has sacado fuerzas, pero me lo imagino. Ya sabes que yo no salí tan religioso como tú. Vivimos infancias muy distintas. Desde que esos sacerdotes benedictinos me trataron de inculcar la cruz y la bondad a fuerza de «neolaitazos» en las manos y en las nalgas, decidí que las cosas de Dios las trataría a mi manera, fuera de la iglesia. Pero envidio tu fe. Te está sacando adelante.

Te va a parecer raro oírlo de mí, pero en estos días he empezado a creer que los ángeles sí existen. Los he visto y no tienen alas. Es toda esa gente que se ha aparecido a donar la sangre que necesitabas urgentemente. A muchos de ellos ni siquiera los conozco. Pero para mí son ángeles.

Tengo ganas de decirte muchas cosas; que mi mamá se ha portado muy valiente, que me siento muy unido a mis hermanos, que estás en las mejores manos. Pero más que nada, sólo quisiera que supieras que te queremos mucho. Échale ganas.

Te quiero,
Tu hijo Jorge.

Carta abierta a Isabel Allende

Miami, a 24 de enero de 1995

Querida Isabel:

No te conozco, pero me has estado acompañando en estos últimos días. Por uno de esos extraños brincos del destino, compré tu último libro, *Paula,* poco antes de que muriera mi padre. Y ahora, que él ya descansa, terminé de leerlo.

¿Sabes? Mientras describías el enorme dolor que te causó la muerte de tu hija Paula, yo me congelaba por dentro por la pérdida de mi padre Jorge. Cuando me sorprendió la noticia de su muerte, me llevé tu libro a la Ciudad de México, como si fuera un amuleto. Todas las noches te leía para saber qué es lo que tú habías pasado y ver si me podía refugiar en algo. Seguro que ése no fue tu propósito al escribir el libro, pero me hiciste sentir que no estaba solo.

Lo más duro de la muerte no es el dolor, sino el vacío.

La ausencia no se puede superar, hay que aprender a vivir con ella. Y tú me diste un buen empujón para entender esto. Por eso te escribo, para darte las gracias. Me acompañaste y esta vez yo quiero acompañarte un poco.

Tú dices que escribiste para desahogarte, para contarle tu vida a tu hija cuando despertara de ese sueño interminable. Yo lo hago para tratar de sacar a pedacitos esta tristeza que me inmoviliza.

Por eso, déjame contarte qué me pareció tu libro. Quizá en otro momento me hubiera interesado más en tus descripciones del torturado Chile de los generales, en las desconocidas escenas cotidianas de tu tío Salvador Allende, en tu experiencia como exiliada en Venezuela, en tus quejas de no haber hecho nada al cumplir los 40, o en tu superstición de empezar tus novelas un 8 de enero. Pero esta vez me involucré más con el tío Ramón, la Meme, el Tata, Ernesto, la Granny, Willie, Nicolás... gente que te ha rodeado y que ahora empiezo a identificar, como en un rompecabezas, con los distintos personajes de tus cuentos y novelas. Nos diste la clave para descifrar tu mundo.

En particular me llegó hondo tu deseo (¿necesidad?) de seguir viviendo intensamente, a pesar de que «el presente tiene la brutal certeza de la tragedia». La inminente despedida de Paula no te paralizó. Dices: «No quiero seguir viva y morir por dentro; si he de continuar en este mundo, debo planear los años que me faltan».

Y luego pones el plan sobre la mesa: «Se me ocurre que a las abuelas nos toca el papel de brujas protectoras, debemos velar por las mujeres más jóvenes, los niños, la comunidad y también, por qué no, por este maltratado planeta, víctima de tantas violaciones. Me gustaría volar en una escoba y danzar con otras brujas paganas en el bosque a la luz de la Luna, invocando las fuerzas de la Tierra y ahuyentando demonios; quiero convertirme en una vieja sabia, aprender antiguos encantamientos y secretos de curandero».

Tienes razón, no nos podemos quedar parados, hay mucho por hacer. Una de las cosas que destaca la muerte, por eliminación, es aprovechar lo que aquí nos queda.

Estoy tratando de no caer en sentimentalismos y cursiladas; sin embargo, al hablar de algo tan personal, seguro que a alguien le parece exagerado o fuera de lugar. Ni modo. Lo único que quería que supieras es que, a pesar de que no te conozco, me tocaste. Son, supongo, los vasos comunicantes de la literatura.

Yo sé que este libro era para Paula, no para nosotros. Pero qué bueno que no lo quemaste como las cartas que se escriben tú y tu mamá. Me echaste una mano cuando más lo necesitaba.

Una de mis «brujas protectoras» me decía que hay que vivir el dolor tan intensamente como los placeres. Y eso fue exactamente lo que hiciste en ese bloc de papel a rayas amarillo que te dio tu agente literario en el hospital de Madrid.

Gracias, Isabel.
Contigo, Jorge.

La postal

Isabel me contestó en febrero del 95 con una tarjeta postal que me diseñó ella misma, y con unas líneas que, incluso, he memorizado de tanto repetirlas.

El contenido de la postal prefiero mantenerlo en privado; no fue escrita para nadie más, pero sí me hizo darme cuenta de cómo muchos de mis gestos son, en realidad, de mi padre.

Isabel me ayudó a ver cómo los muertos que más queremos nunca se van del todo.

SEIS *NOBEL(ISTAS)*

Washington. «Nosotros también decimos cosas estúpidas», dijo Jody Williams, la estadounidense que ganó el premio Nobel de la paz en 1997. Y con su comentario se echaron a reír los otro cinco ganadores de un premio Nobel que se encontraban con ella en el salón verde de la Organización de Estados Americanos (OEA). De pronto, me descubrí junto con algunas de las mentes más agudas, interesantes e irreverentes que existen en esta parte del mundo.

Con motivo de su 50 aniversario, en marzo de 1998, la OEA invitó a seis *nobel(istas)* a hablar, durante dos horas, de lo que se les pegara la gana frente a una audiencia de 400 ex presidentes, embajadores, intelectuales y colados. Y a mí me tocaba hacerlos hablar. Junto con Jody Williams estaban otro dos ganadores del premio Nobel de la paz: el argentino Adolfo Pérez Esquivel (1980) y el ex presidente de Costa Rica, Óscar Arias (1987). El grupo lo completaban: Derek Walcott, de la caribeña isla de Santa Lucía, premio Nobel de literatura en 1992, y los químicos Mario Molina de México (1995) y John Polanyi de Canadá (1986).

«¿Y ahora qué hago?», pensé, al darme cuenta —demasiado tarde— del tamaño del paquete que me había caído y del calibre de los invitados. Las palmas de las manos me sudaban como regadera. Pero tan pronto como se inició el encuentro y empezamos a conversar frente al público, mi temor fue desapareciendo. Noté que ellos estaban más nerviosos que yo y que, sorprendentemente, la mayoría en este extraordinario grupo sufría distintos grados de timidez.

La fama no se les había subido a la cabeza. Por el contrario, los percibí sencillos, casi humildes; no se creen la última Coca-Cola en el desierto. Ninguno dijo sentirse merecedor del Nobel. Y, sin embargo, lo tienen bajo el brazo.

A pesar de su inicial resistencia a hablar, el singular sentido del humor de los seis participantes hizo fluir la conversación. Pronto nos permitieron rascar dentro de sus cabezas y vidas privadas. ¿Sabía usted, por ejemplo, que casi todos se enteraron de haber ganado el premio en pijama? (Lección número 1: el Nobel hay que esperarlo en la cama.)

Pero, más allá de lo anecdótico, ¿qué dijeron?

Jody Williams, quien obtuvo el Nobel por su lucha sin trincheras en contra de las minas antipersonales, lanzó al aire un mensaje muy claro… el cambio es posible.

—*I can change the world* —dijo—. Y si yo puedo cambiar al mundo movilizando a la sociedad civil —continuó—, ustedes también lo pueden hacer.

Y luego habló de responsabilidad compartida. Nadie puede lavarse las manos por lo que hace su gobierno:

—Yo pago impuestos; por lo tanto, yo también soy el gobierno de los Estados Unidos.

Óscar Arias, el costarricense que ayudó a negociar la paz

en Centroamérica la década pasada, se encontró criticando a un país que, antes, siempre había admirado. Primero, nos confesó cómo la administración del ex presidente Ronald Reagan fue un verdadero obstáculo para la pacificación de la zona. Posteriormente entró a temas más modernos, pero con el mismo tono.

—Estados Unidos es un país cada vez más arrogante —dijo, sobre la tentación norteamericana de arreglar sus problemas por la fuerza, como en el caso de Irak.

Y luego, a manera de explicación, señaló que Estados Unidos se ha olvidado de la solidaridad con otros países y que lo único que parece importarle es su «interés». *«Is this in the interest of the United States?»*, es la pregunta que define la política exterior de la superpotencia. ¿Su nueva pasión/misión? Evitar la venta de armas a gobiernos autoritarios y que violan los derechos humanos. ¿Y quién vende las armas? Estados Unidos.

Adolfo Pérez Esquivel, el valiente argentino que luchó desde la cárcel contra la dictadura militar en su país, no dudó ni un segundo en decirnos quién es su heroína: su abuela, una indígena guaraní que le enseñó a apreciar el vuelo de los pájaros y que lo entrenó en el arte de la supervivencia. Eso, sin duda, le ayudó durante los largos días de tortura y espera en la prisión. Luego me comentaría en privado que «la rebeldía de la memoria» ha impedido que los argentinos hagan la paz con los abusos cometidos durante la «guerra sucia».

Mario Molina, el químico mexicano que lleva 20 años viviendo en Los Ángeles y Boston, nunca pensó que sus experimentos sobre el deterioro de la capa de ozono serían reconocidos. Hasta que ganó el premio Nobel. Su compromiso con el medio ambiente es total.

—Antes, tiraba basura y no me importaba; hoy, aunque esté solo en una montaña, jamás lo haría.

¿Algún deseo? Sí. Hace años Molina se convirtió en ciudadano estadounidense para poder trabajar en la NASA y asesorar al presidente Bill Clinton. Sin embargo, le gustaría recuperar su pasaporte mexicano tan pronto se apruebe en México la ley de doble nacionalidad.

Derek Walcott nació en la pequeña isla de Santa Lucía, pero su poesía y sus obras de teatro lo han hecho universal. Odia hablar en *sound bites* y si lo presionan con una pregunta suele contestar: «Ese tema no me interesa». Teme que la globalización arrase con la identidad de su país y le aterra la miamización de Santa Lucía: centros comerciales, esclavitud frente al turismo, pérdida de sus referentes culturales... ¿Y qué significa Cuba para este caribeño?

«*Ché* Guevara.»

Y el tema del *Ché* desatornilló de su asiento a John Polanyi. El químico canadiense nacido en Berlín de padres húngaros y que estudió en Inglaterra.

—Sólo actos de rebeldía como los del *Ché* —aseguró Polanyi—, generan cambios; igual en la ciencia que en la política.

¿Qué le dio el Nobel? El estudio de la dinámica de los procesos químicos elementales.

¿Qué? ¿Y quién es su héroe? El físico ruso y defensor de los derechos humanos, Andrei Sajarov, otro rebelde que el mismo Polanyi ayudó a liberar de las cárceles del *gulag* soviético.

¿Qué hace distintos de nosotros a estos seis *nobel(istas)?* Creo que su rebeldía y su autenticidad; han escuchado su interior y le hacen caso. Nada más.

Espero que esa conversación en la OEA no se haya convertido para ellos en una especie de tortura, porque para mí fue una de las experiencias más enriquecedoras de mi carrera como periodista; entrevistar a un premio Nobel hubiera sido suficiente, seis al mismo tiempo fue un verdadero agasajo. Gabriel García Márquez —otro Nobel— tenía razón: el periodismo es el mejor oficio del mundo.

Detrás de la Máscara
de Jorge Ramos
se terminó de imprimir en **Octubre** 2006 en
Comercializadora y Maquiladora Tucef, S.A. de C.V.
Venado N° 104, Col. Los Olivos
C.P. 13210, México, D. F.